José Antonio Marina

Lob der Intelligenz

José Antonio Marina

Lob der Intelligenz
oder
die Überwindung der Dummheit

Die Deutsche Bibliothek verzeichnet diese Publikation
in der Deutschen Nationalbibliografie;
detaillierte bibliografische Daten sind im Internet über
http://dnb.ddb.de abrufbar.

© 2006 by WBG (Wissenschaftliche Buchgesellschaft), Darmstadt
Die Herausgabe des Werkes wurde durch
die Vereinsmitglieder der WBG ermöglicht.
Aus dem Spanischen übersetzt von Rosemarie Jacob
Redaktion: Thomas Hummel, Katharina Gerwens
Umschlaggestaltung: Peter Lohse, Büttelborn
Foto Eule: Joseph Van Os, gettyimages
Satz: Setzerei Gutowski, Weiterstadt
Gedruckt auf säurefreiem und alterungsbeständigem Papier
Printed in Germany

Besuchen Sie uns im Internet: www.wbg-darmstadt.de

ISBN-13: 978-3-534-19870-2
ISBN-10: 3-534-19870-0

Inhalt

Einführung

Dummheit hat mich immer interessiert – vielleicht wegen meiner Leidenschaft für den großen Humanisten Erasmus von Rotterdam. Allerdings habe ich nicht vor, eine Lobrede auf die Dummheit zu schreiben, vielmehr will ich sie untersuchen. Wenn eine wissenschaftliche Theorie der Intelligenz existiert, müsste es doch auch eine wissenschaftliche Abhandlung über die Dummheit geben. Außerdem bin ich davon überzeugt, dass es erhebliche soziale Vorteile mit sich brächte, wenn die Funktion der Dummheit in allen Schulen als Hauptfach unterrichtet würde, um uns – und hier bin ich optimistisch – dagegen zu immunisieren. Da Dummheit eine Krankheit ist, mit der wir uns alle anstecken können, wäre diese Form der Vorbeugung dringend notwendig. Wenn nämlich die Intelligenz unsere Rettung ist, dann ist die Dummheit unser Untergang. Daher sollten wir sie mit dem gleichen Engagement untersuchen wie beispielsweise AIDS.

Allein schon die Geschichte der Dummheit würde einen großen Teil der Menschheitsgeschichte umfassen. Die Angewohnheit unserer Spezies, nicht zweimal, sondern zweihundertmal über ein- und denselben Stein zu stolpern, sollte uns zu denken geben. Schon Friedrich Nietzsche verlangte mit der Halsstarrigkeit eines Erleuchteten die Umwertung aller Werte, weil er davon überzeugt war, dass die Moral uns systematisch übers Ohr gehauen hat. Mir scheint, dass man eine Neubewertung der ganzen historischen Vergangenheit vornehmen muss, weil ausgerechnet jener Bestandteil von ihr, den wir für ruhmreich halten, zutiefst unanständig ist. Jorge Luis Borges [1899–1996] plante eine *Universalgeschichte der Infamie,* aber es blieb beim Titel. María de la Válgoma und ich haben einst das Gegenstück dazu geschrieben: die *Universalgeschichte der Würde.* Sie setzt dem kostspieligen Triumph der Intelligenz ein Denkmal. Insgeheim warte ich darauf, dass irgend jemand eine längst überfällige Chronik der Dummheit in Angriff nimmt, die uns im gleichen Maße erstaunen und reumütig werden lässt, wie jemand, der entdeckt, dass er gleichzeitig Betrüger und Betrogener ist. In seiner Schrift *Über die Dummheit* hat Robert Musil den typischen Gauner gekennzeichnet: „Wenn die Dummheit nicht irgendwann einen Anschein gehabt hätte, der sie als Talent, Fortschritt, Hoffnung oder Vollkommenheit durchgehen ließ, würde niemand dumm sein wollen." Einige Autoren haben versucht diese Gedanken in ihren Geschichten umzusetzen, allerdings oft aus einer ironischen, humoristischen oder rein anekdotischen Haltung heraus, so dass die Dummheit lediglich trivial erscheint. Bücher wie „*The March of Folly*" (Die Torheit der Regierenden) von Barbara Tuchman, eine Geschichte der politischen Dummheit, oder „*Über die Psychologie der militärischen Inkompetenz*" von Norman Dixon sind hier eher die Ausnahme.

Das Wort „Dummheit" ist zur Beleidigung verkommen und so verbreitet wie Sand am Meer. Es besitzt keine wissenschaftliche Seriosität mehr. Daher werde ich es selten gebrauchen. Stattdessen spreche ich lieber vom Scheitern der Intelligenz, um die Bedeutung des Themas zu unterstreichen. In meiner Abhandlung greife ich zudem auf die einschlägige Literatur über Bewusstseins- und Handlungsstörungen zurück, die in den letzten Jahren erschienen ist (Arkes, Kahneman, Tversky, Baron, Stanovich, Perkins, Sternberg und einige mehr).

Intelligenz scheitert immer dann, wenn sie nicht in der Lage ist, sich der Realität anzupassen, wenn sie nicht versteht, was geschieht oder was mit uns geschieht, und wenn sie nicht fähig ist, emotionale, soziale oder politische Probleme zu lösen. Eine gescheiterte Intelligenz lässt sich systematisch täuschen, verfolgt absurde Ziele oder besteht darauf, unwirksame Mittel anzuwenden; sie lässt günstige Gelegenheiten ungenutzt und verbittert sich das Leben, indem sie sich für Grausamkeit oder Gewalt entscheidet. Carlo Cipolla, der die Gesetze der Dummheit dargelegt hat, gibt folgende Definition:

„Eine dumme Person ist diejenige, die einer anderen Person oder einer Gruppe Schaden zufügt, ohne gleichzeitig für sich selbst einen Nutzen zu erlangen, oder die sogar sich selbst schadet." Das erscheint mir nicht ausreichend. Die Sache ist schwieriger. Meiner Meinung nach sollte man in diese Definition auch jene einschließen, die ausschließlich sich selbst schaden, sowie jene, die anderen schaden, weil sie einen Vorteil haben. Nicht nur die individuelle Intelligenz kann scheitern, auch die kollektive. In diesen Fällen verringert die eigene Interaktion die kollektiven Fähigkeiten. Jedes Mitglied einer Partnerschaft, einer Familie einer Firma, einer Partei oder einer Nation kann, wenn es allein ist, brillant, enthusiastisch und scharfsinnig sein – und trotzdem in der Gemeinschaft nicht weiterkommen. Es gibt gruppendynamische Prozesse, die den Geist erweitern, und andere, die depressiv machen. Gesellschaften können intelligent und dumm sein, entsprechend ihrer Lebensweise, den allseits akzeptierten Werten, den Institutionen oder den Zielen, die sie sich setzen. Was war das Naziregime oder das Sowjetregime, mitsamt ihren Siegesparaden, wenn nicht eine schreckliche Dummheit? Die Verherrlichung einer Rasse, einer Nation, einer Partei, die Gier nach Macht, die kollektive Benebelung, diese pedantische Ernsthaftigkeit, diese wilde und lächerliche Schwärmerei, diese Kaskaden des Schreckens gelten als Scheitern der Intelligenz. Im Grunde genommen brauchen wir einen neuen Louis Pasteur, der einen Impfstoff gegen diese fatale Tollwut entwickelt, wir brauchen eine Pädagogik der Intelligenz, die derart mörderische Verblendungen verhindert oder sie zumindest nicht verherrlicht. Das wird nicht leicht sein, weil die Dummheit viele Gesichter hat. Musil beispielsweise sagt, dass „die Brutalität die Praxis der Dummheit ist". Er hat Recht, doch er legt seiner Behauptung moralische Elemente der Reife zugrunde. Napoleon dachte, man müsse Gewalt anwenden, um eine Nation zu organisieren, weil das die einzige Sprache sei, die die Tiere verstehen, „und wir sind von Bestien umgeben". Er leitete sein Volk mit großem Erfolg, und viele Menschen halten ihn für einen hervorragenden Geist. Wer hat Recht, Musil oder der napoleonische Chor?

Mit diesem Buch verstoße ich die Intelligenz von ihrem vermeintlichen Thron, wo sie sich den Aufgaben der reinen Vernunft widmet, mathematischen Nadelarbeiten, cartesianischen Klöppelspitzen, und mache sie mit dem Alltagsleben bekannt, mit den schlagenden Labyrinthen der Herzen, mit der unreinen praktischen Vernunft. Wenn wir davon ausgehen, dass das, was wir Glück nennen, das eigentliche Ziel der Intelligenz ist, so hat ihr Scheitern mit dem Unglück zu tun. Tragischerweise sind es häufig äußere Gegebenheiten, die die intellektuellen Ressourcen einer Person, also ihre Fähigkeit, sich dem Leben zu stellen, einschränken. Und es gibt auch ein objektives Scheitern, wofür das

Opfer dann natürlich nicht verantwortlich ist. Ein Kind, das nichts als Hass erfahren hat, wird sein Leben lang unter einer Verhaltensstörung leiden. Und diesen Fall bezeichne ich als *geschädigte Intelligenz.*

Es ist nicht immer leicht, zwischen einer geschädigten und einer gescheiterten Intelligenz zu unterscheiden, zumal beide Formen zu den gleichen schmerzlichen Resultaten führen. Geschädigte und gescheiterte Intelligenzen sind komplexe Phänomene mit schwieriger Abgrenzung. Hier brauchen wir nur an Franz Kafka zu denken, der sich selbst als gescheitert betrachtete, nicht wegen seines Mangels an literarischem Erfolg, sondern wegen seiner Schwierigkeiten, die Dinge des Lebens zu meistern. So spricht er einige Male von seinem Versagen, als wäre es „sein verhängnisvolles Schicksal", und an anderer Stelle, als würde es sich um „eine beabsichtigte Aktion" handeln. „Das, was ich möchte, wäre, weiterzuexistieren, ohne belästigt zu werden." Ich würde Franz Kafka als ein Opfer seiner pathetischen Verletzlichkeit bezeichnen, die ihn schreiben ließ: „Auf dem Spazierstock von Balzac kann man diese Inschrift lesen: ‚Ich zerstöre alle Hindernisse.' Auf meinem: ‚Alle Hindernisse zerstören mich.'" Woher kommt diese Zerbrechlichkeit? Hätte er sie vermeiden sollen? Oder, eine noch hinterlistigere Frage: Hätten wir gewollt, dass er sie vermieden hätte?

Ich gebe zu: Das Scheitern gefällt mir nicht. Auch glaube ich, dass eine der postromantischen kulturellen Vergiftungserscheinungen dieses Eintauchen in eine Metaphysik des Untergangs war. Und zwar möglichst erlitten von einem anderen – was der Gipfel des Betrugs ist. Marquis de Sade ist großartig zu lesen, aber nicht zu leben. Dieser Autor hat die Entwürdigung, das Scheitern, den Schrecken, die Grausamkeit und die Sinnlosigkeit in ein ästhetisches Objekt verwandelt. Das ist unvermeidlich, aber verwirrend. So unterscheidet sich die Kunst vom Leben. Die Behauptung von George Steiner: „Die Kultur macht die Menschen nicht besser" erweist sich als skandalös – denn sie ist wahr. Mir bleibt zum Erforschen eines so komplizierten Themas wie der Dummheit mein Optimismus als Pädagoge. Ich bin fest davon überzeugt, dass Intelligenz triumphieren kann, und wünsche mir von Herzen, dass es geschieht. Dieses Buch habe ich in der Absicht geschrieben, die Verletzlichkeit der Menschen zu verringern.

Anmerkung: Als Zeichen meiner Zuneigung zu Teresa Ariño, verantwortlicher Herausgeberin meiner Bücher bei Anagrama, wird dieses Buch vom bibliographischen Ballast befreit, der sie in den vorhergehenden Texten so gequält hat. Auch der Lektor wird mir dankbar sein.

I. Die misslungene Intelligenz

1

Sol Wachter, der Oberste Richter des Staates New York und des Appellationsgerichtes, stürzte die Juristenwelt der Vereinigten Staaten in Verwirrung. Dieser Mann, wegen seiner Gutachten und Urteile zur freien Meinungsäußerung, zu den Bürgerrechten und zur Verteidigung der Euthanasie aufs höchste respektiert, wurde eines schweren Deliktes für schuldig befunden und zu einer Gefängnisstrafe verurteilt. Der Grund: Seine Geliebte hatte ihn verlassen, und der Oberste Richter hatte sie dreizehn Monate lang mit obszönen Briefen und anstößigen Anrufen belästigt und schließlich damit gedroht, ihre Tochter zu entführen. Dieser Vorfall ist ein Beispiel menschlicher Paradoxie: Eine überaus intelligente Person zerstört ihr Leben durch maßlos dummes Verhalten.

Auch einer meiner Schüler, ein brillanter junger Mann mit einem sehr hohen Intelligenzquotienten, wurde von seiner eigenen Intelligenz aus der Bahn geworfen. Zu Beginn seines Erwachsenenlebens beschloss er, sich seine Fähigkeiten zu Nutze zu machen. Seine Mitschüler erschienen ihm geistlos und die Lehrer mittelmäßig. So wurde er zum Anführer einer Bande von Jungen, die von der Schule verwiesen worden waren. Es gefiel ihm, andere zu beherrschen, und er lebte das zwielichtige Leben einer Kiezgröße. Er stiftete die Jungen zu kleinen Diebstählen an, handelte mit Drogen und genoss es, über Geld im Überfluss zu verfügen. Seine Studien gab er auf, weil – wie er es nannte – „die Aktion auf der Straße stattfand". Er kam sich vor wie der Größte und fühlte sich unverwundbar. Als er zwanzig war, landete er im Gefängnis. War dieser Schüler so intelligent, wie es anhand der Intelligenztests angenommen werden musste? Um diese Frage zu beantworten, bedarf es eines ganzen Buches.

Um die Leser nicht zu verwirren und weil die Wissenschaft auf Klarheit bedacht ist, werde ich zunächst definieren, was ich unter Intelligenz verstehe.

Intelligenz ist die Fähigkeit einer Person, ihr Verhalten unter Einsatz verstandener, erlernter, ausgearbeiteter und selbst produzierter Informationen zu steuern.

Eine Person kann an einer Aufgabe scheitern, weil sie sie nicht versteht, weil sie nicht lernt oder weil sie das, was sie lernt, nicht anzuwenden weiß – weil sie nicht in der Lage ist, ihr Verhalten zu steuern. Intelligenz ist die Fähigkeit zur Steuerung.

Mein Lehrer Roger Sperry, einer der großen Neurologen des vergangenen Jahrhunderts sowie Nobelpreisträger der Medizin, sagte einmal, die Hauptfunktion des Gehirns sei nicht die Erkenntnis, sondern vielmehr die Steuerung des Verhaltens und dass es verklärter Idealismus sei zu glauben, der Magen arbeite für das Gehirn, in Wirklichkeit nämlich sei es umgekehrt: Das Gehirn arbeitet für den Magen.

In den letzten Jahrhunderten wurde das Gehirn nach seinen grundlegenden kognitiven Fähigkeiten bewertet – beispielsweise: wahrnehmen, in Beziehung setzen, lernen, Schlussfolgerungen ziehen –, nach jenen Fertigkeiten also, die gewöhnlich durch Intelligenztests nachgewiesen werden. Diese Eingrenzung auf die kognitiven Fähigkeiten scheint mir jedoch eine trügerische Vereinfachung zu sein.

Der Erfolg der Intelligenz besteht darin, das Verhalten eines Individuums gut zu steuern. Dabei ist mir durchaus bewusst, dass es bei einem Puristen Anstoß erregen könnte, wenn ich in diesem Zusammenhang das verdächtige Adverb „gut" einführe.

Im Grunde genommen sage ich damit ja nichts Unbekanntes: Eine klassische und weithin akzeptierte Definition von Intelligenz besagt, dass darunter die Fähigkeit verstanden wird, neue Probleme zu lösen. Also steuert die Intelligenz gut, wenn sie Konfliktsituationen meistert; im umgekehrten Fall funktioniert sie schlecht. Die Hauptfunktion der Intelligenz besteht darin, in den jeweiligen Situationen gut abzuschneiden. Handelt es sich um eine wissenschaftliche Situation, so bedeutet das, gute wissenschaftliche Arbeit zu leisten, im Fall von Literatur, brillant zu schreiben, im Bereich des Geschäftslebens Profite zu erzielen und – wenn es um Emotionen geht – glücklich zu sein.

Allerdings gelingt es der Intelligenz nicht immer, ihre Fähigkeiten voll und ganz zur Geltung zu bringen. Dies ist ein grundsätzliches Problem bei Menschen mit schweren Geisteskrankheiten, Personen mit tief greifenden emotionalen Mängeln oder schweren Kindheitstraumata. In diesem Fall sprechen wir von *geschädigten Intelligenzen*, die in den Bereich der Pathologie gehören. Auf dieses Thema werde ich zu gegebener Zeit zurückkommen. Die vorliegende Studie allerdings befasst sich mit der gescheiterten Intelligenz, also mit einer Intelligenz, die zwar ihre Fähigkeiten zur Geltung bringt, dabei jedoch einen Irrweg einschlägt, die Richtung verliert oder vom Kurs abweicht. Gerade dass bestimmte Entwicklungen anders hätten laufen können, dass einiges tatsächlich hätte ganz anders geschehen können, verleiht dem Phänomen der gescheiterten Intelligenz eine gewisse Tragik.

Jeder, der sich für Psychologie interessiert, hat sicher schon von Robert J. Sternbergs Intelligenztheorie gehört, die auch in akademischen Kreisen sehr geschätzt wird. Darüber hinaus ist Sternberg ein überaus scharfsinniger Mann, der zu jedem Thema etwas Sinnvolles zu sagen hat. Vor kurzem erschien ein Buch von ihm mit dem Titel: *Warum können intelligente Menschen so dumm sein?*, in dem er vor einer Paradoxie der *condition humaine* warnt. Dieses Phänomen ist leicht anhand von Beispielen darzustellen, und ich kann bei mir selbst beginnen: Obwohl ich immer gute Ergebnisse in Intelligenztests erzielte, habe ich vor fünf Jahren die Fernbedienung meines Fernsehers ruiniert, was das Bedienen zu einer mühseligen Aufgabe macht, die mir auf die Nerven geht und mich Zeit kostet. Mögen die Tests sagen, was sie wollen, mein Verhalten war absolut dumm.

Diane F. Halpern, eine der Mitarbeiterinnen an Sternbergs Buch, bringt als Beispiel Bill Clintons Verhältnis mit der Praktikantin Monica Lewinsky. Mir scheint der Ex-Präsident ein hochintelligenter Typ zu sein. Warum hat er sich auf eine so idiotische Sache eingelassen? Die Antwort „aus Leidenschaft" leuchtet mir nicht ein. Clinton selbst hat sich aus der Distanz besser analysiert. „Ich habe es getan, weil ich es konnte", sagte er, mehr überrascht als machtbewusst. Er war da, und es war einfach; er brauchte es nur geschehen zu lassen.

Häufig weiß der Mächtige nicht genau, was er gerade tut, weil entweder die beteiligten Personen oder die aktuelle Situation keinen Widerstand leisten. Dieser unheilvollen Leichtfertigkeit zu verfallen – darin sehe ich das wahrhafte Scheitern der Intelligenz und das gefährlichste.

„Es ist schön, die Stärke eines Riesen zu haben", schrieb Shakespeare, „aber es ist schrecklich, sie wie ein Riese zu gebrauchen." Wenn wir die Wirklichkeit genau beobachten, werden wir zugeben, dass Intelligenz auf zwei unterschiedlichen Ebenen angesiedelt ist, dass es also eine zwiefältige Intelligenz gibt. Einerseits die intellektuelle Fähigkeit und andererseits die Art und Weise, wie wir diese Fähigkeit einsetzen. *Selbst eine hochintelligente Person kann in bestimmten Situationen äußerst unklug handeln.* Das ist der Wesenskern des Scheiterns, die Paradoxie der Intelligenz, die, wie alle Paradoxien, eine Art Schwindelgefühl hervorruft. Gerade die Diskrepanz zwischen intelligent „sein" und intelligentem „Verhalten" zeigt, dass sich zwischen diesen beiden Ebenen eine Kluft auftut, in der bisher kaum beschriebene Aspekte wirken. Und dies eröffnet ein interessantes Feld der Untersuchung.

Alvaro Pombo schildert in seiner Erzählung mit dem Titel „Die endlosen Lügen" einen krassen Fall vom Scheitern der Intelligenz. Ein junger Mann belügt seine Verlobte und deren Eltern, indem er behauptet, er hätte ein abgeschlossenes Architekturstudium, während ihm in Wirklichkeit noch die Abschlüsse in zwei Fächern fehlen. Es ist eine triviale und unnötige, mehr der Höflichkeit geschuldete Lüge, nur um gut dazustehen, damit in der netten Atmosphäre eines Familientreffens keine unangenehmen Dinge zur Sprache kommen. Sein zukünftiger Schwiegervater, ein Architekt, bietet ihm eine Stelle an. Von diesem Moment an wird das Leben des jungen Mannes durch die Lüge, die er nicht zu gestehen wagt, vergiftet. Dieser Betrug beherrscht nun seine ganze Existenz, wobei die Schwierigkeit nicht darin besteht zu lügen, sondern die erste Lüge aufrechtzuerhalten. Der Philosoph Kierkegaard hatte Recht, als er schrieb: „Wer ein Geheimnis hat, sollte nicht heiraten." Ein Geheimnis – und alle Lügen sind Geheimnisse – ist expansiv und erstickend. Geheimnisse bürden einem die ständige Aufgabe der Tarnung auf. Die bedeutungslose und leicht aufzuklärende Lüge, nämlich dass zwei Fächer noch nicht bestanden sind, hat für den Helden in Alvaro Pombos Erzählung dramatische Folgen. Wie kann es sein, dass die Hauptperson ihre Situation so falsch einschätzt und sich keine Rechenschaft über ihr Handeln gibt?

Jean-Paul Sartre beschreibt in seinen *Carnets de la drôle de guerre* den Fall Kaiser Wilhelms II., dessen einer Arm von Muskelschwund befallen war. Wilhelm II. bemühte sich sein Leben lang, diese Behinderung mit den absurdesten Methoden zu verschleiern, weil ein kriegerischer Kaiser nicht öffentlich einen körperlichen Mangel zugeben durfte. Das meine ich, wenn ich von gescheiterter Intelligenz spreche.

2

Ich möchte mit einer Kartographie der Intelligenz beginnen und dabei zwischen zwei Ebenen unterscheiden:

1. *Strukturelle Intelligenz*: Darunter ist die grundlegende Fähigkeit zu verstehen, die mit Hilfe von Intelligenztests gemessen werden kann. Um ihren operativen Charakter zu unterstreichen, nenne ich sie Computer-Intelligenz.
2. *Angewandte Intelligenz*: Darunter ist die Intelligenz in Aktion zu verstehen, also die Art und Weise, wie ein Mensch seine Fähigkeiten einsetzt. Es gibt allerdings bis jetzt noch keinen Test, um diese Intelligenz zu messen.

Und zwischen diesen beiden Ebenen müssen wir uns einen *Verzerrungsfaktor* vorstellen, so genannte *erkenntnistheoretische, emotionale oder operative Verformungen*. Dabei vertrete ich folgende These: Die strukturelle Intelligenz setzt sich aus einer Vielzahl von Mechanismen, Fähigkeiten und Reaktionsweisen zusammen, die in unserem Unterbewusstsein ablaufen. Wir können ihre Aktionen nicht nachvollziehen, sondern nur einige ihrer Ergebnisse. In unserem Bewusstsein tauchen plötzlich Gedanken, Bilder, Wünsche und Worte auf, ohne dass wir wissen, warum.

Ich weiß beispielsweise nicht, wie ich diese Zeilen schreibe. Ich habe mich vor meinen Computer gesetzt, habe meiner strukturellen Intelligenz einen vagen Befehl gegeben – „ich muss mit dem Buch weitermachen" – und gewartet. Und dann habe ich die Einfälle, die mir kamen, sortiert oder genutzt, um Erläuterungen zu schreiben oder Änderungen am Text vorzunehmen. Schon Henri Poincaré, der große Mathematiker, kam zu dem Schluss, dass die von ihm formulierten Beweise von einem unbewussten, aber äußerst fähigen Mathematiker ausgearbeitet worden sind. Auch wenn es wie eine Schnapsidee klingt, hat E. M. Forster Recht, wenn er behauptet: „Wie kann ich wissen, was ich denke, wenn ich es nicht schon gesagt habe?" Ich will damit ausdrücken, dass meine Computer-Intelligenz bereits den Inhalt dieses Buches kennt, den ich jedoch erst erfahre, indem ich es schreibe. Und das wird mich sicher noch ein ums andere Mal überraschen.

Die Mechanismen der Intelligenz scheinen sich auf dem langen Weg der biologischen Evolution und durch eine Art von Bastelei herausgebildet zu haben. Sie funktionieren wie Module und sind mit einer gewissen Unabhängigkeit ausgestattet. Auch die Mechanismen des Sehens sind inhaltlich nicht an unsere willkürliche Kontrolle gekoppelt, denn wenn es so wäre, würden wir nur das sehen, was wir zu sehen wünschen – beispielsweise hätte ich in diesem Augenblick lieber das Meer vor mir anstelle der kastilischen Dürre. Es ist uns nicht möglich, illusorische Wahrnehmungen zu vermeiden, obwohl wir wissen, was sie sind. Auch kostet es uns viel Überwindung, Irrtümer zu erkennen und entsprechende Konsequenzen zu ziehen. Wenn wir schon ein Opfer (Geld, Zeit oder Mühe) auf uns genommen haben, um etwas zu tun, so werden wir es auch weiterhin tun, obwohl wir dieses Engagement eher als Verlust denn als Gewinn einordnen. Fast jeder von uns hat schon einmal Geld ausgegeben, um einen Film zu sehen, der sich dann als schlecht herausstellte. Das Erstaunliche daran ist, dass wir das Kino dennoch nicht verlassen haben. Es scheint fast so, als hätten wir mehr von unserem Geld, wenn wir im Kino bleiben – auch wenn wir uns zu Tode langweilen.

Dieser Irrtum – auch „Hartnäckigkeit des Investors" genannt, worauf ich später noch zurückkommen werde – erklärt beispielsweise auch die Dauerhaftigkeit so vieler Ehen nach dem Motto: „Ich habe so viel investiert, dass ich den Missgriff aufrechterhalten muss, um meinen früheren Einsatz zu rechtfertigen. Mit einer ähnlichen Überlegung ruinieren sich viele Börsenspekulanten.

Die autonomen Module ermöglichen konkrete Lösungen für konkrete Probleme. Ein gutes Beispiel dafür ist die Furcht. In der Tierwelt löst eine Gefahr – je nach Tierart – eine von drei möglichen Reaktionen aus: Flucht, Erstarrung oder Angriff. Diese instinktiven Verhaltensweisen treten ein, sobald ein Auslöser erscheint. Die menschliche Intelligenz aber ist seit Urzeiten darauf aus, diese vorprogrammierten Module auch bei komplexeren Problemen anzuwenden. Gerade im Falle der Furcht haben wir andere Möglichkeit gefunden und gelernt, eine automatische Verhaltensweise zu verhindern. Weder fliehen wir, noch erstarren wir, noch greifen wir an. Stattdessen analysieren wir zunächst, ob die Gefahr real ist, um dann zu entscheiden, ob es nötig ist, sich ihr zu stellen oder zu fliehen. Das hat sowohl seine Vorteile als auch seine Nachteile.

Es ist bekannt, dass es Überzeugungen, Gefühle und Gewohnheiten gibt, die abgeschottet und eingekapselt in unserem Unterbewusstsein liegen und unkontrolliert in Aktion treten. Ein einfacher Fall: Die Flugangst. Wer darunter leidet, weiß, dass ihr mit Vernunft nicht beizukommen ist. Auch das Lesen beruhigender Flugstatistiken lässt einen Menschen mit Flugangst nicht ruhig reisen. Ich möchte noch ein anderes Beispiel geben: Die Beziehungen zwischen den Geschlechtern werden von einem sehr alten emotionalen System beherrscht, das sich nur schwer mit den heutigen Gegebenheiten in Einklang bringen lässt. Ursprünglich war es so, dass die Frau, von schwächerer Muskulatur und verletzbar durch wiederholte und zahlreiche Mutterschaften [nicht: Schwangerschaften!], auf den Schutz des Mannes angewiesen war. Dieser erlangte dadurch die Stellung des Zeugenden, des Beschützers und des Ernährers. Die Frau bedurfte der Sicherheit für sich und ihren Nachwuchs und war somit sehr daran interessiert, die emotionale Zuwendung des Mannes für sich zu gewinnen. Heute, da Frauen sich unabhängig machen und ihre Emanzipation ausleben, kann dieses für eine andere Lebensform entworfene gefühlshafte Modul zu einem großen Hindernis werden; denn die archaischen Mechanismen der Evolution sind nur schwer auszuschalten.

Emotionale Module können in ihrer Wirkung gegensätzlich sein. Das menschliche Wesen ist egoistisch und altruistisch, unabhängig und gesellig, leidenschaftlich und vernünftig. Um uns das Überleben zu ermöglichen, hat die Evolution versucht, dieses Chaos unabhängiger Mechanismen durch große verbindende Systeme zu organisieren: die Sprache, die Vernunft, die Fähigkeit zu planen und zu entscheiden. Allerdings sind diese übergeordneten Strukturen noch sehr jung, und sie müssen mit den alten, immer noch aktiven Modulen zurechtkommen. Insofern bestimmt ein Prozess des Verhandelns und des Neuentwerfens das intelligente Verhalten. Jemand kann seine Ziele erreichen und triumphieren, oder er erreicht sie nicht – und scheitert. Mit all diesem befasst sich das, was ich die *Anwendung der Intelligenz* nenne. Sie ist es, die die Computer-Intelligenz in Gang setzt, sie steuert und kontrolliert. Ich möchte dafür ein kleines Beispiel geben. Wie bereits erwähnt, funktionieren die Mechanismen des Sehens automatisch: Wenn ich vor meinem Garten stehe, sehe ich das, was ich vor mir habe. Ohne jedoch meinen Standort zu verändern, kann ich eine poetische Sichtweise annehmen, die mich dasselbe ganz anders sehen lässt. Ich suche und erkenne Ähnlichkeiten. Die Artischocke beispielsweise verwandelt sich dann in einen Krieger mit Rüstung, und die Kohlköpfe widmen sich dem Anprobieren von Frauenkleidung. Die angewandte Intelligenz hat in diesem Fall die Wahrnehmung der Computer-Intelligenz mit Hilfe der Sehweise gesteuert. Daraus ziehe ich einen vorläufigen Schluss:

Intelligenz scheitert dann, wenn die Angewandte Intelligenz von einem störenden Modul der Computer-Intelligenz beherrscht wird, das eine unverdiente Vorrangstellung eingenommen hat.

Gerade las ich in der Zeitung, dass ein Mann in einem Wutanfall seine Frau mit einer Pfanne siedenden Öls verbrannt und sich dann, voller Entsetzen, vom Balkon gestürzt hat. Ein sehr einfacher Fall. Die Wut ist ein emotionales Modul, das zur Aggression führt. In allen von mir untersuchten Fällen gescheiterter Intelligenz finde ich eines dieser Elemente in mehr oder weniger dramatischer Ausprägung vor: entweder die unverdiente Vorrangstellung des Moduls – aus Sturheit, aus Anachronismus, um sich gegen Erfahrungen abzuschotten, um die Fortsetzung des Lebens zu verhindern – oder die durchsetzungsschwache Angewandte Intelligenz, die sich von den Automatismen der Computer-Intelligenz oder dem Aufbrausen der Emotion überrollen lässt. Der unvermeidliche Sartre schreibt in dem zugleich unlesbaren wie unentbehrlichen Buch „*Der Idiot der Familie*", einer Studie über Gustave Flaubert, in der er dessen ästhetizistische Wortbesessenheit scharf kritisiert, dass Dummheit die in träge Materie verwandelte Idee ist, der in einen Mechanismus verwandelte Gedanke. Ein Landsmann von ihm – Pierre Janet, ein großer Psychiater, der das Pech hatte, Zeitgenosse des alles erdrückenden Freud zu sein – stellte fest, dass der Ursprung allen abnormen Verhaltens das Reißen der Bande sei, die die verschiedenen mentalen Module aufeinander abstimmen. Er nannte es Psychasthenie, „Seelenschwäche".

3

Es gibt also eine triumphierende und eine gescheiterte Intelligenz. Aber ist eine erfolgreiche Intelligenz jene Intelligenz, die ihre Ziele erreicht? Vor Jahren überraschte mich eine Behauptung von Herbert Simon, Nobelpreisträger für Wirtschaft und Vater der künstlichen Intelligenz. In seinem Buch *Natur und Grenzen der menschlichen Vernunft* schreibt er, dass die menschliche Vernunft nicht so sehr ein Instrument sei, um das Gleichgewicht der Welt in seiner Gesamtheit zu formen und vorherzusagen oder um ein allgemeines Modell zu erschaffen, das alle Variablen berücksichtigt, sondern ein Werkzeug für Notfälle und um spezifische Teilprobleme zu lösen. Eine äußerst bescheidene Funktion. Simon fährt fort: „Die Vernunft ist rein instrumental. Sie kann weder unsere Endziele auswählen noch bestimmen, wohin wir zu gehen haben; in den meisten Fällen kann sie uns nicht einmal zeigen, wie wir wohin gelangen." Die so vernünftig klingende Behauptung ist vermintes Gelände, da hier die Effizienz als wichtigstes Kriterium angenommen wird. Intelligenz auf intelligente Weise zu gebrauchen besteht also darin, sie effizient einzusetzen. Dies aber ist nur *ein* Merkmal der Intelligenz. An den deutschen Höfen des 17. Jahrhunderts gab es eine pädagogische Maßnahme, deren Sinnlosigkeit leicht ersichtlich ist: Die Strafen, die die kleinen Prinzen verdient hatten, wurden an anderen Knaben, den so genannten Prügelknaben, vollzogen. Diese Züchtigung eines Stellvertreters konnte keine guten Ergebnisse zeitigen. Als beabsichtigt wurde, diese Maßnahme auch in Frankreich einzuführen, setzte sich Heinrich IV. zur Wehr. In einem Brief vom 14. November 1607 stellte er klar: „Ich wünsche und befehle, dass der Dauphin bestraft wird, wann immer er sich widerspenstig oder schlechten Benehmens für schuldig erweist. Aus persönlicher Erfahrung weiß ich, dass nichts einem Knaben so sehr nützt wie eine ordentliche Tracht Prügel." Niemand kann leugnen, dass es ein eindeutiges Zeichen von Dummheit ist, ein sinnloses Verhalten weiter beizubehalten, aber das heißt noch nicht, dass alle effizienten Verhaltensweisen intelligent sind.

In meiner „*Theorie der schöpferischen Intelligenz*" habe ich schon jene Definition der Intelligenz kritisiert, die von Informatikern verwendet wird, an erster Stelle von Allen Newell, einem Kollegen von Herbert Simon. Für ihn besteht Intelligenz darin, Informationen zu nutzen, um bestimmte Ziele zu erreichen. Mir scheint es falsch, die Entscheidung für ein Ziel von der Intelligenz abzukoppeln. Gerade Ziele zu finden ist das eigentliche, das charakteristische Merkmal der menschlichen Intelligenz. Und wer sich in seinen Zielen täuscht, täuscht sich in allem. Intelligenz ist nicht nur dafür zuständig, Aufgaben zu lösen, sondern auch für die Planung. Eine Diskussion über das Geschlecht der Engel gestattet keine brillante Entfaltung des Intellekts, sondern nur ein rhetorisches Feuerwerk oder eine syllogistische Spiegelfechterei. Ein irriges oder falsches oder schlechtes Ziel pervertiert alle Überlegungen, die dazu führen. Wir stoßen hier auf ein Prinzip, das das ganze Buch durchziehen wird. Die Verkündung von Prinzipien gehört zu den großen Versuchungen eines jeden Philosophen, und daher verkündige ich an dieser Stelle mit großem Vergnügen und im Bewusstsein des von mir eingegangenen Risikos das wohltönende „Prinzip der Hierarchie der Zusammenhänge":

Gedanken oder Tätigkeiten, die für sich genommen durchaus intelligent sind, führen zu dummen Ergebnissen, wenn sie in einem dummen Zusammenhang vollzogen werden.

Vor einigen Jahren erschien in einer deutschen Zeitung ein Beschwerdebrief jenes Ingenieurs, der die Verbrennungsöfen für die Vernichtungslager der Nazis entworfen hatte. Er beklagte sich darüber, dass niemand die technische Qualität seiner Erfindung gewürdigt habe. Es sei schließlich keine leichte Aufgabe, ein oder zwei oder sogar drei Millionen Leichname schnell und effektiv zu beseitigen.

Das Entfernen der menschlichen Überreste musste praktikabel und billig sein und sollte schnell erfolgen. Was halten Sie von dieser Beschwerde des deutschen Ingenieurs? Es steht uns nicht zu, uns voreilig zu empören, denn wir alle verwenden häufig das Kriterium der Effizienz. Ich beispielsweise bin ein Fan der Luftfahrt und finde Militärtechnik wunderbar. Ich kann nicht anders, als die Vollkommenheit eines Jagdflugzeugs zu bewundern, seiner Flugbahn, die in der klaren Luft der eines metallischen Delphins gleicht, mit den Augen zu folgen. Aber das Wettrüsten findet in einem irrationalen Zusammenhang statt. Die Vollkommenheit des Flugzeuges dient nur zum Töten. Während des Kalten Krieges gab es in den Atomwaffenlagern genügend Bomben, um unseren Planeten hundertmal zu zerstören. Das heißt, dass 99% der Bomben überflüssig waren. Zweifellos war dieses Wettrüsten rational beschlossen worden, aber in einem irrationalen Rahmen. Die hoch entwickelten Länder müssen ihre Lebensmittelproduktion verringern oder Teile der Ernten vernichten, um die Marktpreise zu halten. Es gibt Zuschüsse für Brachland. Vom wirtschaftlichen Standpunkt aus mögen diese Entscheidungen richtig sein. Aber es gibt mehr als tausend Millionen Menschen, die verhungern, was diese marktwirtschaftlich vernünftige Überlegung verständlich, in einem größeren Zusammenhang aber zu einem Verbrechen macht. Nach Angaben der UNO gibt es auf der Welt mehr als 1 200 Millionen Menschen, die von einem Dollar pro Tag leben müssen, aber wir in der europäischen Union bezahlen für jede Kuh eine Subvention von zwei Dollar täglich. Ich weiß, dass diese Unterstützung die einheimische Viehzucht fördern soll, aber derartige Zahlenvergleiche sind immerhin beunruhigend.

Das *Prinzip der Hierarchie der Zusammenhänge* erscheint mir unverzichtbar, um menschliches Verhalten zu verstehen und gerecht zu beurteilen. Es verpflichtet uns zu einer Rangfolge der Bewertungen. Was auf einer Ebene akzeptiert wird, kann so nicht mehr gelten, wenn sich die übergeordnete Ebene als verabscheuungswürdig erweist. Ich will dazu zwei Beispiele von einem höchst heldenhaften Verhalten anführen, das innerhalb inakzeptabler Zusammenhänge an den Tag gelegt wurde. Das erste ist der legendäre Angriff der englischen Light Brigade in Balaclava während des Krimkrieges. Lord Raglan, der Oberkommandierende, befahl seiner Kavallerie, rasch gegen eine russische Stellung vorzurücken, um zu verhindern, dass der Feind seine Kanonen abzieht. Ein großer Reitertrupp stieß in gerader Linie vor. Der Oberkommandierende hatte nicht in Betracht gezogen, dass es an den Flanken weitere Artillerie und Scharfschützen geben könnte, die auf die Angreifer schießen würden wie in einer Jahrmarktbude. Seine Kavallerie führte den unsinnigen Befehl äußerst heldenhaft aus, und es wundert mich nicht, dass die Tageszeitung *Observer* diesen Angriff wie folgt kommentierte: „Der Krimkrieg hat den Nadir der Dummheit erreicht." Von den siebenhundert ausgerückten Reitern kehrten weniger als zweihundert zurück. Die Reiter waren tapfer. Trotzdem war der Befehl absurd. Auf das Denkmal für die Gefallenen hätte man schreiben müssen: „Ich bin wie ein Held gestorben, weil ich einem dummen Befehl gehorchte". Stattdessen stehen dort zwei Zeilen eines Gedichts von Tennyson, dessen Poesie mir großes Unbehagen bereitet:

„Es kam uns nicht zu, an das Warum zu denken;
es kam uns zu, zu reiten und zu sterben."

Mein zweites Beispiel kommt aus dem Terrorismus. Ich habe die Fotografien einiger junger moslemischer Studentinnen vor mir. Schöne Frauen mit kohlschwarzen Augen und dem gewissenhaften Ernst junger Mädchen, die vorzeitig mit den Aufgaben Erwachsener betraut wurden. Diese Studentinnen haben beschlossen, zu wandelnden Bomben zu werden und zu sterben, um dem Feind Schaden zuzufügen. Ihr Selbstmord ist tapfer, aber der terroristische Zusammenhang, für den sie ihr Leben geben, ist unmoralisch, weil er die Opfer zu Objekten herabwürdigt. Ein Kind auf dem Schulweg, eine Frau, die überlegt, wie sie bis zum Monatsende über die Runden kommt, oder ein Mann, der gerade die Hypothek auf sein Haus abbezahlt hat, sterben wegen eines Problems, das sie nicht verstehen oder nicht einmal kennen. Was haben die Opfer des Attentats von Madrid mit dem Irak-Krieg zu tun? Der Terrorismus setzt ein Menschenleben als Mittel der politischen Rache ein. Der Gegensätzlichkeit der Ebenen bleibt offen. Wir können einen Terroristen als Patrioten auszeichnen oder ihn als Mörder verurteilen.

Die intellektuelle Einschätzung unseres Verhaltens ähnelt also der Puppe in der Puppe. Die inneren Puppen können hochintelligent sein, aber das nützt nichts, wenn die äußere Puppe dumm ist. Daraus folgere ich ein weiteres Prinzip:

Um die Intelligenz eines Verhaltens beurteilen zu können, muss zunächst die Hierarchie der Zusammenhänge hergestellt werden, um anschließend die höchste Stufe zu bewerten.

Für einen Menschen, der unfähig ist, sich einem Problem zu stellen oder sich von Ängsten zu befreien oder auch nur die Langeweile zu ertragen, könnte es eine intelligente Lösung sein, Rauschgift zu nehmen. Dieser Mensch hat ein klares Ziel – er will das tiefe Loch überwinden – und eine wirksame Lösung: einen Schuss Heroin. Es gibt jedoch ein Aber. Um diese Lösung wirklich als effektiv bezeichnen zu können, müsste der Mensch in genau diesem Augenblick sterben, da sein wichtigstes Anliegen ja darin besteht, den Tiefpunkt zu überwinden. Doch die Fortsetzung des Lebens – mit den jetzt verschärften Problemen – verwandelt den Schuss Heroin in eine wenig intelligente Tat. Das Leben und die Zukunft zählen in diesem Zusammenhang mehr als die Überwindung eines Augenblicks … natürlich nur für den, der weiterleben will.

Da ich schon einmal dabei bin, Prinzipien aufzustellen, verkündige ich gleich noch ein drittes: Schon der scharfsinnige Pierce machte auf die seltsame Neigung der Philosophen aufmerksam, ihre Ideen im Dreierpack aufzustellen:

Die Intelligenz scheitert, wenn sie sich in der Wahl der Zusammenhänge täuscht. Der in der Hierarchie höchste Zusammenhang ist für das Individuum sein Glück. Alles, was es davon entfernt oder daran hindert, dieses Glück zu erreichen, ist ein Scheitern der Intelligenz.

Ich weiß, dass dies ein äußerst vages Prinzip ist, und verspreche daher, es zu erläutern. Wenden wir uns dem Fall Franz Kafka zu. Die Briefe, die er an Felice Bauer geschrieben hat, erzählen von seiner Idealvorstellung des Lebens: „Mich mit den Gegenständen auf dem Schreibtisch und einer Lampe in dem verstecktesten Winkel eines hermetisch abgeschlossenen Kellers zu befinden. Das Essen bringen sie mir, aber sie lassen es immer möglichst weit entfernt von meinem Zimmer stehen, hinter der alleräußersten Tür des Kellers. Der Weg auf der Suche nach dem Essen, immer im Bademantel und durch all die unterirdischen

Gänge, soll mein einziger Spaziergang sein." Mir erscheint das keine vernünftige Lebensweise, aber zweifellos war Kafkas Fall anders als meiner. Am 22. Januar 1922 notiert er in seinem Tagebuch: „Zum Zwecke, mich vor dem zu retten, was sie Nerven nennen, habe ich seit einiger Zeit begonnen, ein bißchen zu schreiben." Vorausgesetzt, er musste in einem Refugium leben, so war zweifellos die Literatur für ihn der vernünftigste Zufluchtsort. Aber erweitern wir das Feld. Woher kam diese unwiderstehliche Notwendigkeit, sich zu verstecken? Das verrät er Milena Jesenská in der erschütternden Apologie eines wilden Tieres im Walde:

Mehr oder weniger ist es so: Ich, wildes Tier des Waldes, schon seit langer Zeit, war kaum je woanders als im Wald. Ich lag an irgendeiner Stelle, in einer ekelhaften Höhle, ekelhaft natürlich nur wegen meiner Anwesenheit. Dann habe ich dich gesehen, draußen im Freien: das Bewunderungswürdigste, was ich je erblickt hatte. Ich vergaß alles, ich vergaß mich selbst völlig, ich stand auf, ich näherte mich. Ich war sicherlich beklommen in dieser neuen, aber noch bekannten Freiheit! Dennoch kam ich näher, ich kam zu dir: Du warst so gut! Ich kauerte mich zu deinen Füßen nieder, als müßte ich es tun, ich legte mein Gesicht in deine Hand. Ich fühlte mich so glücklich, so zufrieden, so frei, so stark, so zuhause, immer genauso, wie zuhause …; aber im Grunde blieb ich weiterhin ein armes Tier, ich gehörte weiterhin zum Wald, ich lebte nur durch deine Gnade im Freien, ich las, ohne es zu wissen, mein Schicksal in deinen Augen. Das konnte nicht andauern. Du mußtest an mir selbst, als du mich mit deiner zarten Hand gestreichelt hast, die Eigenarten bemerken, die auf den Wald hindeuteten, meinen Ursprung und meine wirkliche Umgebung. Mir blieb kein anderer Ausweg als in die Dunkelheit zurückzukehren, ich konnte die Sonne nicht ertragen, ich ging in die Irre, wirklich, wie ein Tier, das seinen Weg verloren hat. Ich begann zu laufen, so schnell ich konnte, und immer begleitete mich dieser Gedanke: „Wenn ich sie mitnehmen könnte!" und dieser andere: „Gibt es dort, wo sie ist, vielleicht Dunkelheit?" Du fragst mich, wie ich lebe? Genau so lebe ich!

In dem schrecklichen „*Brief an den Vater*" liefert Kafka einen Schlüssel
zu seiner Situation:

> „Ich war ständig entweder in Scham versunken, weil ich entweder
> deinen Befehlen gehorchte, und das war beschämend, schon weil
> sie willkürlich waren, oder ich war trotzig, und das war ebenso be-
> schämend, denn welches Recht hatte ich, dir zu trotzen? Oder es
> war mir unmöglich zu gehorchen, weil ich weder deine Kraft noch
> dein Verlangen noch deine Fähigkeit hatte, und das war in der Tat
> die schlimmste Scham. Auf diese Weise bewegten sich nicht die
> Gedanken, sondern die Gefühle des Knaben."

Am Ende des Briefes gibt Kafka seinem Vater das Wort, der den Zustand seines Sohnes grausam diagnostiziert: „Unfähig zu leben, das ist
es, was du bist." Franz Kafka war womöglich eine geschädigte Intelligenz.

Kurz nachdem ich „*Das Labyrinth der Gefühle*" veröffentlicht hatte,
in dem ich auch die Apologie des wilden Tieres erwähne, erhielt ich
einen leidenschaftlichen Leserbrief, der mir klar machte, in welchem
Ausmaß das Talent von Kafka darin bestand, nicht nur seinen eigenen
Fall zu beschreiben, sondern universale Gefühle auszudrücken. Der
Verfasser des Schreibens erzählte mir in einem dramatischen Stil, er
fühle dasselbe wie das kafkaeske wilde Tier, und dieses Empfinden habe
ihn daran gehindert, glücklich zu sein. Er liebte eine Frau, die auch ihn
liebte, aber, so gestand er, „ich konnte die Scham nicht ertragen, vor ihr
nackt zu sein, und floh." Ich weiß nicht, worin sein Problem bestand
– vermutlich hatte es mit seinem Penis zu tun –, aber die Geschichte
stimmt mich traurig, ebenso wie mich diejenige Kafkas traurig stimmt.
Stuart Sutherland hat Recht, wenn er in seinem Buch „*Irrationalität.
Der innere Feind*" feststellt: „Scham geht zu einem großen Teil auf die
menschliche Irrationalität zurück." Sie funktioniert wie ein mächtiges
und unüberwindbares Modul, das sich als ein unbezwingbares Hindernis vor dem Glück erweist. Wenn das Schamgefühl das ganze Leben
eines Individuums steuert, kann es daher als Scheitern der Intelligenz
betrachtet werden.

4

Ich habe bereits drei Ursachen der Dummheit aufgezeigt: Das Wirken störender geistiger Module, die Ineffizienz der ausführenden Intelligenz und eine Täuschung über die Hierarchie der Zusammenhänge.

Die Arten des Scheiterns sind ebenso vielfältig wie die Arten des Triumphes. In *„Teoría de la inteligencia creadora" [Theorie der schöpferischen Intelligenz]* habe ich die schöpferische Intelligenz nach ihren grundlegenden Funktionen gegliedert. Ich möchte zur Auflistung der gescheiterten Intelligenz einem ähnlichen Schema folgen. Das Wort „fracaso" [das Scheitern] hat eine interessante Etymologie. Es geht auf das französische *casser* zurück, was „zerstören" oder „zerbrechen" bedeutet. Scheitern hinterlässt immer Scherben. Im Deutschen hat das Wort eine ähnliche Etymologie. Es geht auf ein frühneuhochdeutsches Verb mit der Bedeutung „in Stücke gehen" zurück und ist verwandt mit „Scheit" und „scheiden".

Dabei unterscheide ich vier große Kapitel:

1. Das kognitive Scheitern.
2. Das emotionale (= affektive) Scheitern.
3. Das Scheitern der Sprache.
4. Das Scheitern des Willens.

Erst wenn wir diese Bereiche erörtert haben, werden wir sehen, ob dem noch ein weiteres Kapitel anzufügen ist.

II. Das kognitive Scheitern

1

Im engeren Wortsinn ist jeder Irrtum ein Scheitern der Intelligenz, doch angesichts unserer Schwierigkeit, die Wahrheit zu ergründen, möchte ich in Betracht ziehen, dass auch die Erfahrung eines Irrtums zur normalen Dynamik der Intelligenz gehört. Wir alle haben uns schon mal geirrt. Bei einem Irrtum wird etwas, was uns offensichtlich erscheint, ganz plötzlich durch eine noch stärkere Offensichtlichkeit ausgelöscht. So habe ich beispielsweise geglaubt, ich hätte das Licht im Büro ausgemacht, aber dann stelle ich fest, dass dem nicht so ist – oder ich habe einer bestimmten Person vertraut, doch die Tatsachen beweisen mir, dass ich mich in ihr getäuscht habe. Es sieht so aus, als würde sich die Sonne am Himmel bewegen – die Astronomie jedoch belehrt mich, dass sich die Erde um die Sonne dreht. Insofern beinhaltet die Erfahrung des Irrtums immer auch einen Wissenszuwachs. Wer eine Täuschung erkennt und daraus Nutzen zieht, ist schöpferisch tätig. Der große Mathematiker Jacques Salomon Hadamard erzählte voller Humor: „Bei Beweisführungen mache ich annähernd dieselben Fehler wie meine Studenten. Mein einziger Vorteil jedoch ist, dass ich es vor ihnen merke." In Büchern über technische Kreativität wird gern als Beispiel die Erfindung der Post-its erwähnt: So suchten die Techniker von 3M schon seit langem nach einem sehr haltbaren Klebstoff, entwickelten jedoch nur einen sehr schwachen und wenig haltbaren. Dieses Ergebnis wurde erst dann beachtet, als jemand auf die Idee kam, dass sich die vermeintliche Schwäche durchaus als Vorteil erweisen könne, und die gelben Post-its auf den Markt brachte. Diese kleinen Etiketten sind das positive Ergebnis eines Irrtums.

Ein Scheitern der Intelligenz wird offensichtlich, wenn jemand darauf besteht, eine Tatsache zu leugnen, und sich nicht von diesem Irrtum abbringen lässt, wenn er sich weder durch die Realität noch durch Beweise umstimmen lässt. Wenn er also nicht bereit ist, aus Erfahrung zu lernen. Dann verwandelt sich der Irrtum in ein eingekapseltes Modul.

Psychiater können ein Lied davon singen, denn viele Krankheitsbilder sind durch diese irrtümlichen und unüberwindbaren Überzeugungen gekennzeichnet. Ein Beispiel solcher eingekapselter Module sind Halluzinationen. Ein Patient hört, was er hört, und niemand kann ihn davon überzeugen, dass diese Erfahrung nicht der Realität entspricht.

Auch unter gesunden Menschen gibt es Verhaltensweisen, die ein klares Scheitern der Intelligenz darstellen. Drei dieser Einstellungen möchte ich untersuchen: das Vorurteil, den Aberglauben, den Dogmatismus und – ein gefährliches Konglomerat aus allen dreien – den Fanatismus.

2

Das Vorurteil: Wie der Psychologe Gordon Allport treffend definierte, besteht ein Vorurteil darin, „sich in einer Sache, die man nicht weiß, absolut sicher zu sein". Ein Vorurteil ist gekennzeichnet durch das Filtern von Informationen, so dass das Subjekt nur jene Fakten wahrnimmt, die sein Vorurteil bestärken. Ein mit Vorurteilen behafteter Rassist wird sich nach der Zeitungslektüre nur an den Artikel über einen Mord, der von einem Schwarzen begangen wurde, erinnern und die Morde vergessen, die von Weißen begangen wurden. Auf diese Weise macht er sich unangreifbar für mögliche Kritik. Das Wort „Vorurteil" bedeutet im buchstäblichen Sinn „urteilen vor einer Tatsache", d. h. noch bevor etwas geschehen ist oder bevor man genau weiß, was geschehen ist. Diese vorgegriffenen Urteile gibt es in allen sozialen Bereichen, sogar in jenen, die von Berufs wegen dagegen gefeit sein müssten.

Vor einigen Jahren machten die zwei amerikanischen Psychologen Douglas Peters und Stephen Ceci ein hinterhältiges Experiment: Sie wählten zwölf Artikel aus zwölf berühmten Fachzeitschriften für Psychologie, die von Mitgliedern der zehn angesehensten psychologischen Fachschaften der USA verfasst worden waren, und ersetzten die Autorennamen durch willkürlich erfundene, platzierten die Verfasser an imaginäre Universitäten und schickten die im Wortlaut unveränderten Artikel an genau jene Zeitschriften, in denen sie bereits veröffentlicht worden waren. Nur drei der Texte wurden wieder erkannt. Acht von den restlichen neun Artikeln wurden von den Zeitschriften, in denen sie früher publiziert worden war, als nicht veröffentlichungswürdig zurückgewiesen. (D. R. Peters und S. J. Ceci: „Peer-review practices of learned journals: the fate of published articles submitted again“, *Behavioral and Brain Science*, 5, 1982) Das beweist, dass der „Heimathafen einer Arbeit“, also die Universität, Einfluss auf die Beurteilung des Textes hat – viele nicht-anglophone Universitäten wissen das nur zu gut.

Häufig sind Vorurteile gefährlich. Es genügt, an die von Rassenvorurteilen bestimmten Massenmorde zu denken. Wie jedes Scheitern der Intelligenz verursachen auch Vorurteile zwangsläufig große Schäden. In seinem Buch *Los hombres y la violación* (Männer und Vergewaltigung) zählt Timothy Beneke einige von den Vorurteilen auf, mit denen Vergewaltiger sich rechtfertigen:

Allen Frauen gefällt es, vergewaltigt werden.
Man kann eine Frau nicht gegen ihren Willen vergewaltigen.
Frauen darf man nicht glauben.
Wenn eine Frau „nein“ sagt, meint sie in Wirklichkeit „ja“.
Frauen weinen Krokodilstränen.
Sie hat es so gewollt.
Frauen sind voll von widersprüchlichen Botschaften, und das frustriert die Männer.
Frauen stellen sich zur Schau und üben Macht auf einen aus.
Sie provozieren es, sie wollen es so.
Sie lachen über einen, und das ist demütigend.

Diese Vorurteile über Frauen ähneln den Vorurteilen über Männer:

Die Gesellschaft legt fest, wie ein wirklicher Mann zu sein hat: er muss oft mit Frauen schlafen und aggressiv mit ihnen umgehen.
Niemand vergewaltigt eine Frau, die ihn nicht provoziert hat.
Vergewaltigung ist ein Racheakt gegen die Frauen, die widersprüchliche Botschaften aussenden.
Ein Mann hat einen starken Sexualtrieb und ist fähig zum Vergewaltigen.

3

Der Aberglaube. Seiner Herkunft nach ist Aberglaube das Weiterbestehen eines nicht mehr zu rechtfertigenden Glaubens, der ein Individuum beeinflusst. Ein abergläubischer Mensch versucht häufig, zwar nicht unbedingt den Glauben, aber zumindest dessen Anerkennung zu rechtfertigen.

Normalerweise hat der Aberglaube den diskriminierenden und ausgrenzenden Aspekt des Vorurteils – und mit ihm gemeinsam eine vermeintliche Sicherheit. Abergläubische Menschen sind unangreifbar für Beweise, die gegen ihre Überzeugung sprechen. So gibt es beispielsweise in vielen Hotels kein 13. Stockwerk. Auch wenn die Besitzer nicht an die böse Ausstrahlung dieser Zahl glauben: so bemühen sie sich dennoch, sie zu vermeiden – für den Fall, dass ihre Gäste daran glauben. Gäste wiederum, die diesen Aberglauben nicht teilen, könnten irgendwann denken, dass an der Sache vielleicht doch etwas dran ist, da ja selbst die Hoteldirektion auf die Dreizehn verzichtet. Da ist es nicht auszuschließen, dass sie sich bei ihrem nächsten Hotelbesuch weigern, im 13. Stock zu wohnen. Das wiederum könnte selbst skeptische Hoteliers dazu veranlassen, die verhängnisvolle Zahl abzuschaffen.

Die Leichtgläubigkeit entwickelt sich wie ein Schneeballsystem. Einer Statistik zufolge gibt es in Frankreich 10 000 Astrologen, mehr als vierzig astrologische Zeitschriften und zehn Prozent der Franzosen geben zu, einer dieser fragwürdigen Konsultationen beigewohnt zu haben, um einen Blick in die Zukunft zu werfen. Ein weiteres Faktum: 47% der Frauen vertrauen ihrem Horoskop mehr als ihrem Partner. Anscheinend haben auch Politiker ein deutliches Interesse an Astrologie.

Georges Minois, französischer Geschichtsprofessor und Verfasser einer „*Histoire de l'avenir*" (Geschichte der Zukunft), schreibt, dass sich – von Nixon bis Hassan II., von Vincent Auriol bis Antoine Pinay – viele Politiker für die Konstellation der Gestirne interessierten. So widmete sich beispielsweise William Mackenzie King, er war dreimal kanadischer Premierminister, intensiv dem Okkultismus und konsultierte die berühmtesten Spiritisten Europas. Während einer Europareise traf er sich mit Adolf Hitler und gab ihm politisch sehr vernünftige Ratschläge, doch sie tauschten auch ihre Erfahrungen mit der Geisterwelt aus, und King kam zu dem Schluss, dass Hitler seiner Mutter sehr ergeben war, dass diese ihn auch nach ihrem Tod noch führte. Es war Nancy Reagan, die die Astrologie im Weißen Haus salonfähig machte. François Mitterrand konsultierte Elisabeth Teissier wegen des Golfkriegs und des Maastricht-Vertrages. Es heißt, der Astrologe Maurice Vasset habe Charles de Gaulle beraten. Auch Unternehmen verlassen sich bei der Auswahl ihres Personals auf deren Horoskope. Die Polizei von New York zieht gewöhnlich eine Wahrsagerin zu Rate, obwohl sie einräumt, die Zahl der so gelösten Fälle nicht zu kennen. 1993 hat eine französische Aufsichtsbehörde ein Gutachten abgegeben, in dem klargestellt wird, dass eine Person nicht deshalb von der Arbeit ausgeschlossen werden darf, weil sie im Zeichen des Steinbocks geboren wurde.

4

Der Dogmatismus: Er steht dem Vorurteil und dem Aberglauben sehr nahe. Dogmatismus tritt immer dann in Erscheinung, wenn eine Annahme von der Realität entkräftet wird oder wenn ein Irrtum nicht als solcher erkannt wird. Dann werden passende Abwandlungen eingeführt, um den bisherigen Glauben aufrechtzuerhalten. Eine dogmatische Haltung bleibt auf diese Art und Weise immun gegen Kritik. Unter Immunisierung verstehe ich den Einsatz von Verteidigungsmechanismen gegen das Offensichtliche oder gegen widersprechende Argumente.

Ein Beispiel: Die amerikanischen Adventisten hatten vorhergesagt, Christus würde am 22. Oktober 1844 auf die Erde kommen. Das trat nicht ein. Doch nach den geeigneten Nachberechnungen und Anpassungen verkündeten ihre Nachfolger, die Zeugen Jehovas, das Ereignis für 1914. Das trat ebenso wenig ein, ließ sie aber nicht an ihrem Glauben zweifeln, sondern nur das Ereignis erneut verschieben. Diesmal auf 1975. Nach dem, was die Eingeweihten sagen, ist das Erhoffte inzwischen eingetreten, allerdings ohne dass wir etwas davon bemerkt haben.

Die tückische Biegsamkeit der Vorurteile, der Dogmen und des Aberglaubens zeigt sich darin, dass ihnen nie die Argumente ausgehen. Als Beispiel dafür gebe ich einen Dialog zwischen den Herren X und Y wieder, der die Mechanismen der Anpassung zeigt:

X: Das Schlechte an den Juden ist, dass sie sich nur um ihre eigenen Leute kümmern.

Y: Aber das Register der Kampagne für den Städtischen Hilfsfond beweist, dass sie großzügiger sind als die Nicht-Juden.

X: Das beweist nur, dass sie immer versuchen, die Achtung der Leute zu kaufen und sich in die Angelegenheiten der Christen einzumischen. Sie denken an nichts anderes als an Geld, deshalb gibt es so viele jüdische Bankiers.

Y: Aber eine ganz neue Studie belegt, dass der Prozentsatz der Juden im Bankgeschäft minimal ist – wesentlich geringer als der Prozentsatz der Nicht-Juden.

X: Natürlich, die lassen sich ja nie blicken. Sie handeln immer im Dunkeln, mit Strohmännern.

Und so weiter und so weiter und so weiter. Die Argumente des Herrn X sind auffällig und grenzen an pathologische Verhaltensweisen. Vorurteile lösen Argumentationsmechanismen aus, die nur den Anspruch erheben, die ursprüngliche Überzeugung zu bestärken und die Diskrepanz zur neuen Information aufzuheben. Ein Vorurteil bewegt sich in einem selbstzufriedenen Kreis, der sich immer wieder aus sich selbst nährt. Nichts kann die ursprüngliche Überzeugung beeinträchtigen. Es geht zu wie in folgendem Witz: Ein Mann erzählt seinen Freunden, sein Pfarrer sei ein Heiliger, weil er jeden Tag mit Gott spricht. Die skeptischen Freunde fragen: „Und woher willst du das wissen?" – „Weil er es mir gesagt hat." – „Und woher weißt du, dass er dich nicht anschwindelt?" – „Wie kann ein Mensch lügen, der jeden Tag mit Gott spricht?"

5

Der Fanatismus: Fanatismus umfasst alle Arten des kognitiven Scheiterns, fügt aber noch zwei äußerst gefährliche Elemente hinzu: die Verteidigung der absoluten Wahrheit und den Aufruf zum Handeln. Das grundlegende Prinzip des Fanatismus ist die nur schwer zu diskutierende These: *Die Wahrheit verdient angesichts all der Irrlehren einen Sonderstatus.* Das Schlimme daran ist, dass diese Behauptung nicht allgemeingültig untermauert werden kann. Kein vernünftiger Mensch bezweifelt, dass Physik vertrauenswürdiger ist als Astrologie, angesichts der minutiösen und systematischen Arbeit, die diese Wissenschaft leistet. Gefährlich wird es, wenn eine unbewiesene Meinung zur absoluten Wahrheit erklärt wird.

Eine derart absolute Wahrheit entwickelt eine barbarische Dynamik: Sie muss in eine Tat umgesetzt oder durchgesetzt werden. Der Krieger, der die Bibliothek von Alexandria in Brand gesteckt hat, brachte es auf den Punkt. „Entweder sagen diese Bücher dasselbe wie der Koran, dann sind sie überflüssig, oder sie sagen etwas anderes, und dann sind sie blasphemisch. In jedem Fall verdienen sie es, verbrannt zu werden."

Der scharfsinnige John Locke entlarvte den Teufelskreis des Fanatismus wie folgt: „Fanatiker behaupten von einer Doktrin, dass sie eine Offenbarung ist, weil sie fest an sie glauben; sie glauben fest an sie, weil sie eine Offenbarung ist."

Und damit sind wir schon bei der zweiten Gefahr des Fanatismus: dem Schritt zur Tat. Schon Voltaire definierte:

> „Er ist ein blinder und leidenschaftlicher Eifer, der aus abergläubischen Überzeugungen hervorgeht und lächerliche, ungerechte und grausame Tatsachen produziert, und nicht nur ohne das Bewußtsein von Scham oder Reue, sondern vielmehr mit etwas Ähnlichem wie Freude und Trost. Fanatismus ist nichts anderes als in die Tat umgesetzter Aberglaube."

Der Reformator Johannes Calvin ist das typische Beispiel eines Fanatikers, wenn er in der „*Verteidigung des wahren Glaubens*" schreibt:

> „Wer immer die Meinung vertritt, dass den Häretikern und Blasphemikern Unrecht geschieht, wenn man sie züchtigt, macht sich selbst bewußt eben dieses Verbrechens schuldig und zum Komplizen. Sie sollen mir nicht mit irdischen Autoritäten kommen: Es ist Gott, der hier spricht, und man kann klar sehen, was es ist, das er in seiner Kirche bis ans Ende der Welt schützen möchte."

6

All diese Fälle sind durch den *Faktor der Verzerrung* gekennzeichnet, der sich als Abschottung gegen Offensichtliches oder Gegenargumente definieren lässt und so die normale und fortschreitende Dynamik der Erkenntnis zerstört. Der amerikanische Philosoph Daniel Dennet schrieb: „Die menschliche Freiheit besteht lediglich darin, aus früheren Erfahrungen Nutzen zu ziehen, um das Verhalten zu steuern." Der Fanatismus jedoch hält die Intelligenz gefangen und hindert sie daran, sich zu entwickeln und dazuzulernen.

Unbestritten ist die Unfähigkeit, aus Erfahrung klug zu werden, ein weit verbreitetes Übel. Henry Kissinger, der zweifellos über viel Sachkenntnis in diesem Bereich verfügt, schrieb in seinem Buch, dass Politiker, sobald sie einmal an der Macht sind, nicht mehr in der Lage sind, irgend etwas anzunehmen, das ihren Überzeugungen widerspricht. „Diese [Überzeugungen] sind das intellektuelle Kapital, das sie während ihrer Amtsführung aufbrauchen" (*The White House Years*, Little, Brown, Boston, 1979, S. 54).

Ein eingekapseltes Modul erhält eine Bedeutsamkeit, die es nicht verdient. Die Ursachen für diese festgefahrenen Ansichten und Verhaltensweisen sind verschiedenartig und entwickeln sich entweder aus reiner Gewohnheit, aus einer Übernahme jener Ansichten, mit denen man aufgewachsen ist, oder aber sind eine Art Abwehrreflex gegen das Fremde, gehen aber fast immer mit der Unfähigkeit einher, komplexe und mehrdeutige Situationen zu ertragen. 1944 förderte das American Jewish Committee ein umfangreiches Forschungsprojekt zum Antisemitismus. Es ging darum herauszufinden, was im Nazi-Deutschland geschehen war und wie sich die Mechanismen der Vorurteile entwickeln konnten. Mitarbeiter des Komitees waren neben Adorno, Horkheimer, Ackerman und Jahoda weitere angesehene Forscher. Die Wissenschaftler kamen zu der Schlussfolgerung, dass Vorurteile ein Phänomen sind, das die ganze Persönlichkeit eines Menschen betrifft. Sie prägten auch einen – meiner Meinung nach sehr verwirrenden – Begriff, um eine für Vorurteile anfällige Persönlichkeit zu charakterisieren: die ‚autoritäre Persönlichkeit'. Er kennzeichnet eine Persönlichkeit, die nur unter strenger Autorität leben kann. Ich erwähne das an dieser

Stelle, weil es einen Gedanken bestärkt, der mich schon seit einiger Zeit beschäftigt: Anstelle von Intelligenz sollten wir von intelligenten Persönlichkeiten sprechen. Oder – von dummen. Intelligente Persönlichkeiten haben ihr Innenleben gut im Griff. Kein Mensch ist frei von mentalen Defiziten – beispielsweise Manien. Wichtig aber ist. dass diese Mängel isoliert bleiben und nicht die großen vitalen Zentren erreichen, also keine mentalen Metastasen bilden. Sie dürfen nicht die Macht über uns übernehmen.

Warum verursachen eingekapselte Module ein Scheitern der Intelligenz? Weil sie eine der wesentlichen Funktionen der Intelligenz blockieren, nämlich die Realität wahrzunehmen. Das Erkennen der Wirklichkeit ist kein Luxus, sondern lebenswichtig. Ich muss wissen, ob dieser Pilz giftig oder genießbar ist. Wenn wir ständig in einer Phantasiewelt leben könnten, wäre das großartig, aber wir können es nun mal nicht. Natürlich kann ich mir vorstellen, ich sei Superman – aber nur solange mich diese Illusion nicht dazu verführt, mich von der Terrasse zu stürzen, um zu fliegen. Denn dann gäbe es ein böses Erwachen im Krankenhaus.

Um die gefährlichen Auswirkungen jenes Scheiterns der Intelligenz, die zur Inquisition, zu den Kreuzzügen, zu Religionskriegen, zu Gaskammern und zum islamischen Dschihad geführt haben, zu demonstrieren, greife ich zu einem sehr nahe liegenden Beispiel: die weltliche Ideologie gegen Frauen.

Der hl. Thomas von Aquin verkündete *ex cathedra*: „Die Frau braucht den Mann nicht nur zum Zeugen, wie es bei anderen Lebewesen der Fall ist, sondern auch, um sie zu beherrschen, denn der Mann ist vollkommener wegen seiner Vernunft und stärker in der Tugend" (*Summa Contra Gentiles* III, 123).

Dass dies im 13. Jahrhundert verkündet wurde, war schlimm, aber dass es im 21. Jahrhundert immer noch gilt, schreit zum Himmel – und zwar einem nicht-thomistischen Himmel. Bis 1975 lautete der Artikel 57 der spanischen Verfassung: „Der Ehemann muss die Frau beschützen und diese muss dem Ehemann gehorchen." In der Präambel wird der Inhalt dieses Artikels in einem Absatz gerechtfertigt, der auch nichts als Schwachsinn enthält.

„Es gibt innerhalb eines katholisch geprägten Regimes die Führungsgewalt des Ehemanns, die ihm von der Natur, der Religion und der Geschichte zugeschrieben wird. Die katholische Kirche hat die Beziehungen zwischen den Ehegatten schon immer inspiriert und wird dies auch in Zukunft tun."

Die Verinnerlichung dieser Diskriminierung von Frauen ließ Vorurteile weiter bestehen, die leicht durch Tatsachen hätten abgebaut werden können. Aber das ist typisch für den Dogmatismus: Aberglaube und Vorurteil. Die Geschichte der Menstruationsmythen beispielsweise kommt einer Chronik des kollektiven Deliriums nahe. In der Bibel, im hinduistischen Gedankengut, aber auch in christlichen Bußschriften wird Menstruation nach der Logik des Reinen und des Unreinen bewertet: Sie gehörte zu der Natur der Frau, war unvermeidlich – aber unrein. Es handelt sich also um einen irrationalen Aberglauben mit unbestimmt religiösem beziehungweise hygienischem Charakter.

Was mich aber am meisten schockiert sind Vorurteile, die sich auf angebliche Tatsachen gründen – ohne jemals belegt worden zu sein.

In seiner „*Historia naturalis*" sagt Plinius:

„Die menstruierende Frau verdirbt die Ernte, verwüstet die Gärten, tötet das Saatgut, lässt die Früchte abfallen, tötet die Bienen, und wenn sie den Wein berührt, verwandelt er sich in Essig, die Milch wird sauer."

Noch 1878 schickte ein Mitglied der Britischen Medizinischen Gesellschaft dem British Medical Journal eine Mitteilung, in der es hieß: „Es ist eine unbezweifelbare Tatsache, dass Fleisch verdirbt, wenn es von Frauen berührt wird, die gerade ihre Regel haben."

Simone de Beauvoir erzählt in „*Das andere Geschlecht*" sehr witzig, bis zu welchem Ausmaß diese Vorurteile in ländlichen französischen Gebieten überlebt haben:

Jede Köchin weiß sehr genau, dass eine indisponierte Frau keine Mayonnaise anrühren kann, noch dass es möglich ist, sie in ihrer Gegenwart herzustellen. In Anjou hat kürzlich ein alter Gärtner, der die Jahresernte an Apfelwein eingelagert hatte, dem Besitzer geschrieben: „Man muss die Damen des Hauses und die weiblichen Gäste bitten, an bestimmten Tagen des Monats den Keller nicht zu betreten: sie würden die Gärung des Apfelweins verhindern." Als die Köchin diesen Brief las, zuckte sie mit den Achseln: „Das wird niemals verhindern, dass der Apfelwein gärt – sage ich –, es ist nur schlecht für den Speck: man kann Speck im Beisein einer indisponierten Frau nicht einsalzen, denn dann verwest er."

7

Vorurteile, Dogmatismus und Aberglaube sind zwar falsche, aber zumindest bewusste Überzeugungen. Wirklich fatal dagegen sind jene verborgen agierenden Programme und Überzeugungen, von denen wir gesteuert werden, ohne dass es uns bewusst wird. Ich weiß, der Begriff „unbewusst" klingt seltsam. Aber diese Programme beeinflussen – sozusagen aus dem Hinterhalt – unsere Haltungen, Gefühle und Entscheidungen. Der spanische Philosoph und Essayist José Ortega y Gasset unterscheidet mit großem Scharfsinn zwischen Gedanken und Überzeugungen. Gedanken hat man, Überzeugungen sind einfach da.

Nehmen wir beispielsweise das Gefühl der Scham. Es wird durch die Sitten und die Verhaltensregeln der Zeit bestimmt. An dieser Stelle kann ich es mir nicht verkneifen, jene Definition zu zitieren, die der unvergleichliche Domínguez in seinem 1948 erschienenen „Diccionario" gibt:

> „Scham: Art von keuscher Zurückhaltung, ängstlicher oder ehrenhafter Schamhaftigkeit wie von aufgeschreckter Unschuld. Reine errötende Bescheidenheit ohne Ziererei, Zurückhaltung, Ehrenhaftigkeit, besonders bei der Frau, mit Sicherheit angesiedelt auf einem sehr rutschigen und glatten Abhang, einem äußerst gefährlichen Gefälle, das zu einem unheilbaren Fehltritt, zu einem irreparablen Schaden führt."

Natürlich hat er Unrecht. Die körperliche Scham kommt gleichermaßen bei Männern und Frauen, bei Kindern und Erwachsenen vor und hängt mit Überzeugungen im Hinblick auf unsere Anatomie zusammen, deren Ursprung wir nicht kennen und die sich von Gesellschaft zu Gesellschaft und von Epoche zu Epoche ändern. Deshalb will ich Domínguez widerlegen. Das Wort „pudor" (Scham) bezieht sich auf *pudendus*, also auf das, was man nicht zeigen darf. Diese Einstufung ist jedoch nicht objektiv, sondern kulturell bedingt. So zeigen sich beispielsweise Yanomani-Frauen völlig nackt, ohne dass sie sich dabei schamlos vorkämen. Platon zog in Betracht, dass Frauen im Stadion ebenso unbekleidet auftreten könnten wie Männer, verwarf aber diese Idee, weil es lächerlich aussehen würde. Der römische Schriftsteller Plinius begründet mit einer überraschenden Behauptung die Tatsache, dass weibliche Schamhaftigkeit von der Natur gegeben ist: Der Leichnam einer Ertrunkenen treibt mit dem Gesicht nach unten auf dem Wasser, um ihre Sexualorgane zu verbergen, während der eines ertrunkenen Mannes mit dem Gesicht nach oben schwimmt. Dieses Argument war bis ins 17. Jahrhundert hinein gültig. Unbewusste Überzeugungen üben einen mächtigen Einfluss auf unser Verhalten aus, und vor allem jene Ansichten, die sich auf uns selbst beziehen. Ein Kind erkennt sich selbst, indem es sich als ein „Ich" bestärkt. Mit fünfzehn Monaten nimmt es sich im Spiegel wahr. Es erfährt, dass sein eigenes Handeln, seine Taten, die Wirklichkeit beeinflussen. Es erlebt sich selbst als ein Individuum. Mit zweieinhalb Jahren beziehen sich die Wahrnehmungen des Kindes auch auf gedankliche und emotionale Zustände, und es kann durchaus sein, dass es mit vier Jahren bereits eine Theorie darüber entwickelt hat, wie der menschliche Geist funktioniert. Nun fängt es an, sich mit Hilfe einer Reihe von Überzeugungen, die es im Laufe der Zeit korrigiert, sein Selbstbild zu erarbeiten. Die Vorstellung von sich selbst schließt immer auch eine Bewertung ein – positiv oder negativ, von Selbstachtung oder Selbstverachtung geprägt – und bestimmt in Verbindung mit dem Wissen um eigene Fähigkeiten das Gefühlsleben und die Art und Weise, wie ein Mensch mit Problemen umgeht.

Auch die sozialen Rollen, also die Frauen und Männern zugeschriebenen Verhaltensmuster, werden von diesen einflussreichen Überzeugungen bestimmt. Das sind die Leitbilder, die unser Leben steuern. Wir alle haben ein Weltbild im Kopf, das uns dabei hilft, Informationen zu deuten und Dinge zu bewerten, die uns widerfahren. Dieses Weltbild leitet unsere Gefühle und unsere Erwartungen.

Die bedeutende Anthropologin und Ethnologin Margaret Mead hat zwei unterschiedliche Weltanschauungen beschrieben. Die eine beobachtete sie beim Stamm der Arapesh und die andere beim Stamm der Mundugumor. Größtes Ziel der Arapesh war, dass das „Namnam" (Essen) und die Kinder gediehen, und die ganze Sozialstruktur des Stammes war auf diese Ziele ausgerichtet. Das Weltbild der Arapesch war von der Vorstellung geprägt, dass die Welt gastfreundlich sein müsse. Die Mundugumor dagegen hielten die Welt für einen gefährlichen Ort, in dem man nur überleben könne, wenn man ständig in Alarmbereitschaft sei und darauf gefasst, Angriffe abzuwehren. Die Kinder dieses Stammes wurden mit einer als lebenswichtig geltenden Aggressivität erzogen. Die gesamte Sozialstruktur dieses Stammes beruhte auf Verdacht, Gewalt und einer stets wachsamen Feindseligkeit.

8

Der Weg von der Vorstellung einer Handlung bis zur Ausführung derselben wird durch emotionale Muster und unbewusste Überzeugungen beeinflusst, wobei einige dieser Module krankhafte oder zerstörerische Verhaltensweisen fördern. Ich möchte mich kurz mit dem System jener Überzeugungen befassen, die zur Drogensucht führen. Zweifellos übt auch das Temperament einigen Einfluss aus, beispielsweise das Bedürfnis nach neuen Gefühlen, nach Impulsivität oder die Unfähigkeit, Langeweile zu ertragen, beziehungsweise die Flucht vor dem Weltschmerz. Aber es gibt auch erworbene Abhängigkeiten, wie Empfindungen der Unfähigkeit oder Kränkung. Einige dieser Überzeugungen scheinen allgegenwärtig zu sein und spiegeln sich in folgenden Sätzen: „Ich müsste vollkommen sein. Ich müsste mächtig sein. Ich müsste immer erreichen, was ich möchte. Das Leben müsste frei sein von Schmerz und dürfte keinerlei Anstrengung kosten. Ich bin nicht in der Lage, mein Leben zu beeinflussen. Die Droge gibt mir die Macht und die Gefühle, die ich nicht habe. Die Welt ist eine einzige Schweinerei, und ich bin auch nicht besser."

Aaron Beck hat sich die Mühe gemacht, die diesem Muster zugrunde
liegenden Überzeugungen zu erforschen. Er nennt sie „pathologisch",
ich jedoch würde sie lieber toxisch nennen. Beck geht davon aus, dass
sie alle folgenden gemeinsamen Elemente enthalten:

1. *Es sind willkürliche Unterstellungen.* Sie führen zu äußerst beständi-
   gen Schlussfolgerungen, die jedoch von keinem Beweise untermauert werden: „Ich muss von allen anerkannt werden, wenn ich gut
   bin." – „Ich bin ein Versager, wenn ich nicht viel Geld verdiene."
2. Sie werden durch selektive Abstraktionen gestützt, das heißt, nur
   spezielle Details von Erfahrungen werden bewertet und alles andere
   wird ausgeblendet: „Ich komme immer zu spät. Ich kann niemandem etwas recht machen."
3. *Sie sind im Übermaß verallgemeinernd.* Ein Einzelfall wird zur absoluten Überzeugung: „X hat mich nicht angerufen. Ich werde nie angerufen. Niemand liebt mich."
4. *Sie sind maßlos übertrieben oder werten ab.* Unerfreuliche Ereignisse
   werden überschätzt, und Erfolge, auf die man stolz sein könnte, werden bagatellisiert: „Es ist unverzeihlich, dass ich nicht den Nachtisch
   mitgebracht habe, den sie so gern mag." – „In meinem Leben gibt es
   keinen einzigen frohen Augenblick."
5. Sie führen zur Schwarz-Weiß-Malerei und verabsolutieren alles. Jede
   Erfahrung wird in gegensätzlichen und universalen Kategorien abge-
   speichert, und sich selbst ordnet man in die negative ein: „Ich mache
   alles schlecht." – „Ich bedeute niemandem etwas." – „Ich bin ein
   Feigling."

Diese Überzeugungen sind schlechte Gewohnheiten, die uns aus dem
Unterbewusstsein heraus steuern und dazu führen, dass unsere Wahrnehmung erheblich verzerrt wird. Der einzige Weg, sie abzulegen, besteht darin, sie zutage zu fördern und zu ändern.

9

Ich frage mich oft, warum die „Leichtgläubigkeit", die unglaubliche Leichtigkeit, mit der Dinge geglaubt und angenommen werden, so wenig erforscht wird. Vermutlich ist die menschliche Spezies von Natur aus leichtgläubig, weil unbewusste Mechanismen wirksam werden, wenn sich Überzeugungen herausbilden.

Eine Überzeugung ist eine geistige Gewohnheit, sie wird durch Wiederholung erworben, und dieser Mechanismus ist ein Erbe unserer tierischen Vorfahren. Denken wir doch nur an den Pawlowschen Hund. Iwan Pawlow ließ, kurz bevor er den Hund fütterte, eine Glocke läuten. Schon nach einiger Zeit lief dem Hund das Wasser im Maul zusammen, sobald er die Glocke hörte: Der Mechanismus seines Körpers glaubte fest daran, dass mit dem Läuten der Glocke das Futter gereicht wurde und dementsprechend lief die Speichelsekretion auf Hochtouren.

Überzeugungen entwickeln sich also in automatischen Prozessen. Man kann nicht willentlich etwas glauben. So gibt es beispielsweise viele Menschen, die gern an Gott glauben würden oder die mit der Religion nichts mehr zu tun haben wollen. Diese Einstellung ist jedoch nicht willkürlich steuerbar, sie entsteht, indem man aus bestimmten Prozessen Nutzen zieht. Und es lohnt sich durchaus, diese Prozesse kennen zu lernen, um sich mit ihnen auseinander zu setzen. Wir Menschen neigen dazu, jede Information zu glauben – wenn wir sie nur oft genug hören und sie von den unterschiedlichsten Seiten bestätigt wird. Dieser Mechanismus kann sich als lebensrettend erweisen. Ich sehe beispielsweise einen Schatten und weiß nicht, ob es ein Bär ist oder ein Felsen oder nur eine optische Täuschung. Dann bewege ich mich, um zu sehen, ob das Bild Bestand hat, und frage meinen Gefährten, ob er das gleiche sieht. Mein Eindruck, es könnte sich um einen Bären handeln, wird verstärkt, sobald ich ein Knurren höre und einen Gestank wahrnehme. Sobald ich aber seine Tatze auf meiner Schulter spüre, gibt es keinen Zweifel mehr: Es ist ein Bär. Die Dauerhaftigkeit der Wahrnehmung und die gegenseitige Verstärkung der verschiedensten Sinneseindrücke sind glaubwürdig. Sie sind ein wirksamer Mechanismus, um uns der Wirklichkeit anzupassen.

Doch mit dem Auftreten der Sprache haben sich die Dinge verändert. Nun geht es nicht mehr darum, das zu glauben, was ich sehe, sondern auch dem Glauben zu schenken, was mir gesagt wird. Und das erweist sich als viel gefährlicher, denn die Sprache ist nur ein Ersatz für die Erfahrung – allerdings ohne Gewähr. So ist mit dem Wort nicht nur die Verständigung zu den Menschen gekommen, sondern auch die Lüge. Unsere angeborene Fähigkeit, Überzeugungen zu bilden, kann mit Leichtigkeit beeinflusst werden, und gerade die Kommunikationsmedien fördern diese Art der Manipulation, da sie uns ein Abbild der Wirklichkeit vorgaukeln.

Die Herrschenden haben diese anachronistische Schwäche schon immer für sich einzusetzen gewusst. Grob betrachtet lassen sich die Mechanismen der Machtausübung auf drei beständige Funktionen reduzieren: sie dienen dazu, Schaden anzurichten, können Belohnungen verteilen und verfügen über die Fähigkeit, Überzeugungen zu ändern. Dass Napoleon vor allem das Letztgenannte perfekt beherrschte, zeugt von seinem Genie und von seiner Aktualität. Ich erwähne Napoleon nicht nur wegen seiner faszinierenden Persönlichkeit, sondern auch, weil ich dieses Beispiel in meinem letzten Kapitel wieder aufgreifen werde. Er inszenierte sein öffentliches Ansehen mit Leidenschaft, Ausdauer und Hingabe. Napoleon hatte intuitiv begriffen, dass die eigentliche Macht von der öffentlichen Meinung abhängt, und er setzte alles ein, um seine Selbstdarstellung zu vervollkommnen und zu festigen. So überzeugte er das Volk von seiner Unfehlbarkeit und seiner Berufung und es gelang ihm, ruhmreiche Legenden um sich zu ranken, obwohl sein Lebensweg nicht immer großartig verlief, sondern manchmal auch klägliche Einbrüche hatte. Der von ihm geschaffene Typus des Diktators wird seitdem überreichlich kopiert: ein Mann der Vorsehung. Sobald er die Macht in der Hand hatte, wies er das Rechtswidrige als legitim aus und überzeugte das französische Volk so sehr von seiner Mission, dass es ihn 1802 mit überwältigender Mehrheit zum Konsul auf Lebenszeit wählte.

Napoleon wollte aber nicht nur Krieg führen, es war ihm auch wichtig, darüber zu berichten. Kaum war er 1797 zum Führer des Heeres in Italien ernannt worden, gründete er schon eine Zeitung: *Nachrichten vom Heer in Italien*, und im darauf folgenden Monat eine zweite mit dem Titel: *Frankreich aus der Sicht des Heeres in Italien*. Mit diesen Publikationen schuf er sein Image:

„Bonaparte fliegt wie der Blitz und schlägt zu wie sein Strahl. Er ist überall, er sieht alles. Er ist der Abgesandte der Grande Nation. Er weiß, dass er zu denjenigen Menschen gehört, deren Macht keine anderen Grenzen hat als ihren Willen."

Als er nach Ägypten aufbrach, vergaß er nicht, seine Lieblingswaffe mitzunehmen: die Druckmaschine. Nun publizierte er die *Nachrichten aus Ägypten*. Er wusste um die Bedeutung der Medien und gab am Tag nach dem Staatsstreich zu: „Wenn ich die Zügel der Presse loslasse, kann ich mich nicht länger als drei Tage an der Macht halten."

An diesem Tag – dem 19. Brumaire – ließ er im *Journal de Paris* veröffentlichen:

„Der erste Krieger Europas, zum ersten Beamten Frankreichs geworden, ist der Mann der Vorsehung, den ein erschöpftes Land erwartet hat."

Und ein Jahr später fügte er dem Mythos der Vorsehung den Mythos des Übermenschen hinzu und veröffentlichte folgende Darstellung:

„Die außergewöhnliche Kraft der Organe des Ersten Konsuls gestattet ihm täglich achtzehn Stunden Arbeit; sie gestattet ihm, während dieser achtzehn Stunden seine Aufmerksamkeit ein und derselben Angelegenheit zu widmen oder zwanzig nacheinander, ohne dass die Schwierigkeit oder die Mühe bei einer von ihnen die Prüfung der anderen erschwert. Sein Organisationstalent gestattet ihm, weit über all die Angelegenheiten hinaus zu blicken, während er jede einzelne von ihnen behandelt."

Die Leichtgläubigkeit führt zu einer gedankenlosen und passiven Aufnahme all dessen, was aus vermeintlich qualifizierten Kanälen kommt. Sie stellt ein dramatisches Scheitern der Intelligenz dar, vor allem deshalb, weil ihr eine mechanische Abwehr jedweder Kritik innewohnt. Ebenso tragisch ist allerdings auch das andere Extrem: das radikale Misstrauen, die ständige Herrschaft des Verdachts.

10

Glücklicherweise sind wir in der Lage, kognitives Scheitern, Vorurteile, Aberglauben, Dogmatismus, untaugliche Erklärungen und Leichtgläubigkeit zu vermeiden. Im Laufe ihrer Entwicklungsgeschichte und aufgrund vieler Erfahrungen mit Versuch und Irrtum hat die Menschheit gelernt, ihre Intelligenz sinnvoll einzusetzen. Allerdings gibt es einen rationalen und einen irrationalen Gebrauch. Beide Arten des Vorgehens verwenden Gedankengänge und kommen zu logischen Schlüssen, aber sie haben unterschiedliche Ziele. So sucht die rationale Intelligenz nach allgemeingültigen Beweisen, die sich auch mitteilen lassen können. Der irrationale Gebrauch der Intelligenz hingegen kapselt den Denkenden in seine private Welt ein, so dass diese wie ein autonomes und abgeschottetes Modul funktioniert. Psychiater wissen, dass es sehr stark vom Verstand geleitete Demenzkranke gibt, die dennoch den Sinn für die Realität verloren haben.

Wir dürfen *rationales Denken,* also die Fähigkeit, logische Schlüsse zu ziehen – was ja eine Fähigkeit der strukturellen Intelligenz ist – nicht mit dem *rationalen Gebrauch der Intelligenz* verwechseln. Das rationale Denken dient dem Erkennen, Verstehen, Begreifen und dem Aufbauen von Erkenntnissen und ist eine Vorstufe der ausführenden Intelligenz.

Meine Verteidigung *des rationalen Gebrauchs der Intelligenz,* der Suche nach Beweisen, die von verschiedenen Personen nachvollziehbar sind, hat eine ganz praktische Grundlage. Mich verzaubert nicht der Glanz der Wahrheit, weil Fiktion ebenso glanzvoll sein kann. Es ist nicht wahr, was Lorca sagt, dass

> Ein großer, menschenleerer Himmel
> in seinem Ballon zu den Vögeln aufsteigt.

Aber dieses Bild ist so schön, dass es mir nichts ausmachen würde, in einer solchen Kindermärchenwelt zu leben. Allerdings ist es unumstritten, dass die Wirklichkeit – und somit auch ihre ganz persönliche Botschafterin, die Wahrheit – für uns unentbehrlich ist. Wir brauchen die Vernunft, um zu überleben und um glücklich zu sein. Das Denken eines Kindes ist zu Beginn egozentrisch und unzusammenhängend, entwickelt aber nach und nach Logik und Objektivität. Der schweizerische Philosoph und Psychologe Jean Piaget war zwar vor allem an den kognitiven Aspekten der Intelligenz interessiert, musste aber zugeben, dass eine starke Motivation nötig sei, damit ein Kind seine enge Beschränktheit aufgebe und sich an die Eroberung der Wirklichkeit mache. Welcher Impuls sorgt dafür, dass ein Kind diesen Schritt unternimmt? Es kann nicht die Logik sein, die es dazu bringt, seine privaten Beweise zugunsten von Urteilen, die auch der Umwelt einleuchten, aufzugeben, denn die kindliche Logik ist zu schwach, um Unstimmigkeiten zu erkennen. Der eigentliche Impuls geht von der Notwendigkeit aus, mit anderen in Beziehung zu treten. Es ist also der leidenschaftliche Drang, mit anderen Menschen zusammen zu leben, der für die Entwicklung einer Art *interpersoneller Intelligenz* des Kindes sorgt.

Die Notwendigkeiten des Lebens zwingen uns ständig zu einer Anpassung an die Wirklichkeit, zu einer Kommunikation mit anderen Menschen, und zwar zu einer Kommunikation auf der praktischen Ebene. All dies setzt im Bewusstsein des Individuums die Gestaltung eines objektiven, von allen akzeptierten gemeinsamen festen Raumes voraus. Ein Dialog beispielsweise ist nur möglich, wenn man, wie kurz der Augenblick auch sei, seine private Welt verlässt und sich in die Objektivität hineinbegibt – jenes Niemandsland, in dem sich jeder aufhalten darf.

Der nüchterne Gebrauch der Intelligenz besteht darin, seine gesamten Fähigkeiten, einschließlich des rationalen Denkens, einzusetzen, um nach allgemeingültigen Beweisen zu suchen. Der Mensch muss die Realität anerkennen und sich mit anderen verständigen, und um diesen Schritt zu vollziehen, wird er den warmen und schützenden Schoß seiner privaten Erkenntnisse und innersten Überzeugungen verlassen müssen. Doch sobald er seine eigenen Erkenntnisse sowie die Überzeugungen anderer kritisch betrachtet und abwägt, begibt er sich auf den Weg zur Wahrheit, der zu stabileren, klareren und gültigeren Werten führt.

Der irrationale Gebrauch der Intelligenz, dieses sich Verbarrikadieren hinter einer persönlichen Ansicht, als gelte es eine Festung zu verteidigen, führt unweigerlich zur Gewalt. Karl Popper hat gesagt:

„Es ist erforderlich, daß die Ideen miteinander kämpfen, damit nicht die Menschen miteinander kämpfen müssen."

Der für das menschliche Zusammenleben unverzichtbare rationale Gebrauch der Intelligenz zeigt sich in jenen zwei großen Bereichen, in denen objektive von allen akzeptierte Regeln gelten: in der Wissenschaft und der Ethik.

Die Notwendigkeit, eine allgemeingültige Ethik auszuarbeiten, habe ich in „*Ethik für Schiffbrüchige*" und (zusammen mit María de la Válgoma) in „*Der Kampf um die Würde*" beschrieben. Unter anderem beziehe ich mich in diesem Buch auch auf diese beiden Werke.

III. Das emotionale Scheitern

1

Normalerweise wird behauptet, Gefühle seien der Hauptgrund für das Scheitern der Intelligenz: Leidenschaft macht blind. Wut ist ein vorübergehender Wahnsinn – und ebenso die Liebe. Die Theorie von der Intelligenz als Modul lässt sich in die Dynamik der Gefühle sehr gut einbetten. Melancholie beispielsweise wäre demnach ein Auswuchs der Irrationalität und würde eine normale Persönlichkeit wie ein Infekt befallen. Ein Nervenzusammenbruch ist wie ein Kurzschluss. Im Hinblick auf die verschlingende und verstörende Macht der Leidenschaften scheinen *Ataraxie* und *Apathie* – also die Befreiung von jeglichen Begierden – unerlässliche Voraussetzungen für den rationalen Gebrauch der Intelligenz zu sein. Wir haben schon gesehen, dass das so nicht stimmt. Selbst ein strenggläubiger Buddhist, der sein Leben der Abkehr von weltlichen Dingen widmet, hat in sich die tiefe Sehnsucht, seine Schmerzen zu besiegen. Gefühle beeinflussen unsere Erkenntnis, aber die Erkenntnis beeinflusst auch unsere Gefühle. Unser aller bewusstes Handeln entspringt dem Bereich der Gefühle. In sämtlichen Abhandlungen über das Gefühlsleben – von David Hume bis Robert Plutschik – taucht ein Gedanke immer wieder auf: die Intelligenz steht im Dienste der Emotionen.

Antonio Damasio, einer der brillantesten Neurologen der Gegenwart, konnte überzeugend nachweisen, dass die Vernunft von unserer Fähigkeit abhängt, Gefühle zu empfinden. Ich möchte Ihnen an dieser Stelle kurz einen Plan unserer Gehirnstruktur aufzeigen. Im Untergeschoss, also in den Tiefen des Gehirns, befindet sich das limbische System, der Sitz unserer Gefühlswelt. Evolutionsgeschichtlich sind das sehr alte und fest gefügte Strukturen. Sie bilden das *Paläocerebrum*. Die Gehirnrinde, die die kognitiven, sprachlichen und logischen Funktionen steuert, ist hingegen noch sehr jung und beweglich. Im obersten

Stockwerk dieses Gebäudes – den Stirnlappen – ist unsere Fähigkeit angesiedelt, Visionen zu haben, Pläne zu schmieden, Entscheidungen zu treffen und alles so zu steuern, dass unsere Vision auch Wirklichkeit wird. Dieser Bereich ist sehr eng mit der emotionalen „Abteilung" verbunden. Starke neuronale Bahnen verbinden den Stirnlappen mit dem limbischen System – vereinfacht gesagt: hier wird die Vernunft mit dem Gefühl gekoppelt.

Der Neurologe Damasio hat gezeigt, dass nach einer Trennung dieser Verbindungswege – zum Beispiel durch einen Unfall oder nach einer Operation zur Beseitigung eines Tumors – ein auffälliges Phänomen eintritt: Der Patient behält seine rationalen Fähigkeiten und schneidet in Intelligenztests gut ab. Er ist aber nicht mehr in der Lage, Entscheidungen zu treffen, da er sich in eine endlose innere Diskussion über das Für und Wider jeglicher Aktion verstrickt, die ihn völlig lähmt. Steven Pinker berichtete in diesem Zusammenhang von dem Fall eines jungen Mannes, der stundenlang unter der Dusche stand, weil er einfach nicht entscheiden konnte, ob er sich schon genügend gewaschen hatte. Anscheinend kann sich der Verstand in einer endlosen Erörterung erschöpfen.

Daraus folgt: Die wahre Intelligenz, die zu einem willensgesteuerten Verhalten führt, ist eine Mischung aus Erkenntnis und Gefühl. Erkenntnis hat mit Fakten zu tun, und Gefühl mit Werten. Unsere Entscheidungen werden von beiden bestimmt.

2

Es gibt also weder eine rein kognitive noch eine ausschließlich emotionale Intelligenz. Um hier erneut den an Überraschungen reichen Aristoteles zu zitieren: Wir sind *orexis noetikos* oder *nous orektikos*, entweder vergeistigte Wünsche oder wünschender Geist.

Diese Mischung erlaubt es uns, von intelligenten und von unvernünftigen Gefühlen zu sprechen. Die so genannte Emotionale Intelligenz – ins Spiel gebracht von Peter Salovey und bis zum Überdruss wiedergekäut von Daniel Goleman – verfügt über folgende grundlegende Fähigkeiten:

1. Das Erkennen der eigenen Gefühle.
2. Die Fähigkeit, eigene Gefühle zu kontrollieren.
3. Die Fähigkeit, sich selbst zu motivieren.
4. Das Erkennen fremder Gefühle.
5. Die Kontrolle der Beziehungen.

Die Autoren geben in ihren Büchern zwei erhabene Ratschläge: Erkenne dich selbst und lasse nicht zu, dass deine Seele von Leidenschaft beherrscht wird. Im Wagenlenker-Gleichnis von Platon ist die Vernunft der Kutscher eines Wagens, der von wilden und ungezügelten Pferden, nämlich den Leidenschaften, gezogen wird. Ein anderer berühmter Wegbereiter der emotionalen Intelligenz ist der Philosoph Baruch Spinoza. Für ihn bestand die Erlösung darin, die Leidenschaften in vernünftige Bahnen zu lenken. Mich wundert nicht, dass Sigmund Freud sich von dieser Theorie faszinieren ließ.

Auch Freud ging davon aus, dass nur Erkenntnis die oft explosiven Emotionen zügeln kann, die in unserem Herzen lauern. Und dem stimme ich zu. Gefühle erweisen sich immer dann als irrational, wenn sie sich nicht nur des Herzens, sondern des gesamten menschlichen Geistes bemächtigen. Aber ich glaube, dass die Geographie unserer Gefühle eine detailliertere Kartographie verdient.

Fast alle unsere emotionalen Erfahrungen beruhen auf Impulsen, Empfindungen oder Neigungen. Es ist wichtig, sich dieser drei Kategorien bewusst zu sein, wenn man sich selbst ohne Täuschungen und ohne gravierende Verzerrungen analysieren will.

Die *Ebene der Impulse* umfasst Wünsche, Notwendigkeiten, Triebe und Motive. Sie ist der Zugang zur Motivation und Dynamik. Sie vermittelt uns die für uns wesentlichen Werte und separiert uns von den unwesentlichen Bedürfnissen. „Das Wesen des Menschen ist der Wunsch", bestätigt schon Spinoza. Durst, Hunger, der Geschlechtstrieb, die Gier nach Macht, die Notwendigkeit, geliebt zu werden, aber auch die Neugier gehören zu dieser grundlegenden Ebene. Wir wollen nicht alle dasselbe – und schon gar nicht in derselben Art und Weise.

Die *Ebene der Empfindungen* spiegelt unsere Situation wider und lässt erkennen, wie und ob unsere Wünsche oder Pläne im Kontakt mit der Wirklichkeit funktionieren. Empfindungen wie *Zufriedenheit, Ruhe,*

Gelassenheit und *Heiterkeit* sind Zeichen dafür, dass unsere Zielsetzungen auf dem besten Weg sind und erfüllt werden können. *Furcht* bedeutet: unsere Erwartungen sind bedroht. *Wut* tritt auf, wenn uns ein Hindernis blockiert und wir uns ärgern. *Trauer* ist die Feststellung eines Verlustes. *Enttäuschungen*, *Frustrationen* oder Empfindungen der *Verzweiflung* lassen erkennen, dass sich unsere Hoffnungen nicht erfüllt haben oder nicht erfüllen werden. Erfahrung des Schönen, schöpferische Euphorie, musikalische Emotionen, ja, sicher auch die religiöse Inbrunst sind Empfindungen, die uns auf die Existenz großer kollektiver Sehnsüchte aufmerksam machen. Sie lassen uns erahnen, dass sich ein großer Wunsch erfüllen könnte. Daher waren in allen Kulturen, zu jeder Zeit und an jedem Ort, Musik, Dichtung, Malerei und Religion verbreitet.

Auf der *Ebene der Neigungen* sind jene seelischen Beziehungen angesiedelt, die einen Menschen zutiefst mit einer anderen Person, mit bestimmten Erfahrungen oder Gegenständen verbinden. Dazu gehören all jene Phänomene, die von Psychoanalytikern als Objektbeziehungen bezeichnet werden: kindliche Zuneigung, Gewohnheiten, Suchtverhalten, Konditionierungen, die unterschiedlichsten Arten von Abhängigkeit, Liebe und Hass. Gelegentlich sind wir nur für einen bestimmten Zeitraum an diese Neigungen gebunden. Während ich mich mit der Erfahrung des Schmerzes auseinander setzte, bin ich auf eine offensichtliche, aber schwer erklärbare Tatsache gestoßen. In schlecht verlaufenden und unglücklichen Ehen könnte man erwarten, dass der Tod des einen Partners von dem anderen als eine Befreiung erlebt wird. Häufig jedoch geschieht genau das Gegenteil, und der Überlebende wird von großer Trauer und Verwirrung befallen. Eine bestimmte Abhängigkeit, nämlich eine Beziehung aus Neigung, ist in diesen Fällen zerbrochen. Und diese Beziehung hatte weder mit Liebe noch mit Glück zu tun, sondern war zu einer Versklavung geworden, die für den Überlebenden zur Grundlage seiner Existenz geworden war. Jahrelang hatte er gegen die Verhaltensweisen seines Partners protestiert. Und das fehlt jetzt. Der Trauernde hat mit dem Tod des Partners den Sinn seines Lebens verloren, der vor allem darin bestand, in einer von feindseligen Strukturen geprägten Beziehung zu überleben.

3

Das erste Scheitern der emotionalen Intelligenz hängt häufig mit der Verwechslung von Gefühlen zusammen. Meinen pubertierenden Schülern, die sich naturgemäß in einem ziemlichen Aufruhr der Gefühle befinden, gebe ich gerne eine Lektion mit dem Titel: „Woher weiß man eigentlich, dass man verliebt ist?" Am Anfang löst diese Frage nervöses und verschämtes Gekicher aus, das aber aufhört, wenn sie bemerken, wie schwierig es ist, sie zu beantworten. Erste Wortmeldungen wie – „das merkt man" – werden heftig kritisiert und sogleich verworfen.

„*Die Entflohene*" von Marcel Proust (*Auf der Suche nach der verlorenen Zeit*, VI. Teil) beginnt mit einem Satz, der so unerwartet ist wie das plötzliche Klirren von zerbrechendem Geschirr: „Mademoiselle Albertine ist fort!" Auf Hunderten von Seiten zuvor hat uns der Held darüber in Kenntnis gesetzt, dass er Albertine nicht mehr liebt, dass er sie nur noch erduldet, weil er sich vor den Unannehmlichkeiten fürchtet, die eine Trennung mit sich bringen würde.

> „Kurz zuvor hatte ich bei meiner Selbstanalyse geglaubt, eine solche Trennung, ohne daß wir uns wiedergesehen hätten, sei gerade das, was meinen Wünschen entspräche, und beim Vergleich der mäßigen Vergnügungen, die Albertine mir verschaffte, mit der Fülle der Sehnsüchte, um deren Befriedigung sie mich betrog (…), hielt ich mich für sehr scharfsinnig, als ich schloß, dass ich sie nicht mehr sehen wollte, dass ich sie nicht mehr liebe. Aber die Worte: ‚Albertine ist fort' senkten ein Leid in mein Herz, dem ich, wie ich deutlich spürte, nicht lange würde standhalten können."

Der Held gibt zu, noch Augenblicke bevor er die Nachricht erhielt,

> „hatte ich geglaubt, ich liebte Albertine nicht mehr, und als exakter Analytiker gemeint, dabei keinen Umstand zu übersehen; ich hatte vielmehr gedacht, mein Herz bis auf den Grund zu kennen. Aber unser Verstand, wie klar er auch sei, kann nicht deutlich erforschen, aus welchen Elementen dieser Herzensgrund sich zu-

sammensetzt. Elementen, unerahnt von uns, bis ein Phänomen, das imstande ist, sie isoliert darzustellen, sie aus dem flüchtigen Zustand, in dem sie sich meist befinden, in einen Beginn der Verfestigung überführt. Ich hatte mich getäuscht, als ich in meinem Herzen klar zu sehen glaubte. Die Kenntnis, die mir die subtilsten Wahrnehmungen des Geistes nicht gegeben hätten, wurde mir – hart, gleißend, fremd wie ein Salzkristall – durch die jähe Reaktion des Schmerzes zugetragen."

Demnach also ist es für Proust der Schmerz der Abwesenheit, der uns die Tiefe unserer Gefühle erfahren lässt. Aber er sagt uns nicht, auf welche Art von Gefühl er sich bezieht. In diesem Fall könnte es sich um das Verschwinden von etwas Gewohntem, um die Veränderung festgelegter Rituale, um verletzte Eitelkeit, den Verlust eines Besitzes oder um ein vages Gefühl der Unsicherheit handeln. Aber auch um mögliche Bestandteile der Liebe, die sich jedoch als zweideutig erweisen, da sie mit anderen Gefühlen verknüpft sind – möglicherweise sogar um Hass.

Ich spreche hier erneut von der Liebe und dem Verliebtsein, denn es lohnt sich, diese Gefühle genauer zu analysieren: Immerhin treffen wir auf dieser Grundlage weitreichende und rigorose Entscheidungen. Ein Scheitern in der Liebe kommt nicht selten vor und ist fast immer schmerzlich. Insofern könnte es sich als nützlich erweisen, eine Art Ursachenforschung zu betreiben. Es gibt zwei leicht ersichtliche Gründe: Erstens, das, was man empfunden hat, war keine Liebe, und zweitens, es war zwar Liebe, aber sie ist nun vorbei. Beide Argumente sind es wert, gründlicher betrachtet zu werden. Ihrem Wesen nach ist die Liebe ein Wunsch, und es gibt ebenso viele Arten von Liebe wie es Wunschobjekte gibt: Geld, Ruhm, ein bestimmter Körper, eine reale Person, die Kinder, das Vaterland, ich selbst, Gott. Wenn wir ganz großzügig sind, können wir Liebe auch als den Wunsch definieren, eine andere Person glücklich zu sehen. Da aber die Liebe ein Wunsch ist, kann sie sehr leicht mit anderen Wünschen verwechselt werden. Als Jugendlicher habe ich „Ungeduld des Herzens" von Stefan Zweig gelesen. Dieser Roman erzählt die tragische Geschichte einer Verwechslung. Mitleid, der Wunsch, zu helfen oder das Bedürfnis, den Schmerz eines anderen

Menschen zu mildern, kann leicht mit Verliebtsein verwechselt werden. Aber auch Eitelkeit oder das Bedürfnis nach Lob und Anerkennung begünstigen Irrtümer auf dem weiten Feld der Liebe. Nicht umsonst gehören gegenseitige Schmeicheleien zur Strategie der Höflinge. Was auf dem ersten Blick wie Liebe aussieht, kann nichts anderes als befriedigte Eitelkeit sein. Auch die Erregung beim Anblick des Objektes meiner Begierde kann mit der Erregung eines Jägers verwechselt werden. Eroberung ist ein mächtiger Wunsch – aber nicht typisch für die Liebe. Diese Beispiele machen das Scheitern der Liebe ziemlich deutlich, indem sie erkennen lassen, dass das, was man zu empfinden glaubte, keine Liebe war. Um die zweite Ursache des Scheiterns der Liebe zu klären – es war einmal, aber nun ist es vorbei – ist es wichtig, zwischen Wünschen und Empfindungen zu unterscheiden. Die Liebe ist ein Wunsch, aber auch Wünsche haben so etwas wie ein Verfallsdatum, das beispielsweise in genau dem Augenblick überschritten wird, in dem sich der Wunsch – nehmen wir einmal an, es handelt sich darum, eine bestimmte Person zu erobern – erfüllt. Ist dieser Eroberungswunsch gestillt, verschwindet er auf Nimmerwiedersehen. Etwas Ähnliches geschieht mit der sexuellen Begierde, sobald sie gestillt ist. Anstelle von Erregung tritt körperliche Routine. Wie Tono es einst gesagt hat: „Der menschliche Körper ist ein klarer Fall". Das Wesen des Menschen dagegen ist unerschöpflich, und wenn es sich über seinen Körper hinaus zeigt, kann es grenzenlos sein. Die echte Erotik ist eine durchaus spirituelle Angelegenheit. Doch es gibt noch einen weiteren Grund für den Verfall der Liebe. Wie ich bereits erklärt habe, wird das Nachlassen der Wünsche durch Empfindungen bewertet. Diese Empfindungen aber sind nicht die Liebe selbst, sondern ihre unvermeidlichen Begleiterscheinungen. Die Dichter, die – und das hat Rilke gesagt – viel lügen, haben das Ihre dazu beigetragen, um die Fallen der Liebe zu vermehren und zu vergrößern. Ich stelle an dieser Stelle ein Sonett vor, das beispielhaft die spanische Variante der Liebe definiert. Ein Gedicht von Lope de Vega:

Den Mut verlieren, verwegen sein, wütend sein,
schroff, zärtlich, frei, spröde,
ermutigt, sterblich, tot, lebend,
treu, Verräter, feige und kühn;

außerhalb des Guten keinen Mittelpunkt und keine Ruhe finden,
sich zeigen als froh, traurig, demütig, hochmütig,
aufbrausend, tapfer, fliehend,
zufrieden, beleidigt, argwöhnisch;

das Antlitz fliehen aus klarer Enttäuschung,
Gift als lieblichen Trunk schlürfen,
den Vorteil vergessen, den Schaden lieben;

glauben, dass der Himmel in eine Hölle passt,
das Leben und die Seele für eine Enttäuschung hingeben:
das ist Liebe; wer es ausprobiert hat, weiß es.

Genau das sind die vielfältigen, widersprüchlichen und verwirrenden
Empfindungen, die das verliebte Umherirren begleiten und die uns zeigen, wie die Dinge stehen. Im Fall von Lope de Vega würde ich sagen:
schlecht. Man kann sich leicht vorstellen, wie sich erotische Liebschaf-
ten entwickeln, wenn sie hauptsächlich von unangenehmen Gefühlen
wie Unruhe, Langeweile, Eifersucht und Furcht begleitet werden. Sie
haben keine Perspektive. Virginia Woolf sagte einmal: „Es gefällt den
Leuten zu fühlen, sei es, was es sei." Und damit hat sie Recht. Denn
nichts fürchtet das menschliche Wesen mehr als emotionale Leere, und
fatalerweise neigt es dazu, die Hölle dem Fegefeuer vorzuziehen. Man
braucht beispielsweise nur die Briefe zu lesen, die Mariana Alcoforado,
eine portugiesische Nonne, ihrem Spötter schrieb: „Liebe mich immer,
und lass deine arme Mariana mehr leiden". Viele Paarbeziehungen kö-
cheln auf einem mehr oder weniger starken Feuer in einer solchen
Hölle der Gefühle vor sich hin, und zwar deshalb, weil sie sich in eine
Gewohnheit verwandelt haben und beide Partner in dieser Neigungs-
beziehung mit einer Art von Überleben beschäftigt sind. Die Sucht
nach einer Droge ist schrecklich, aber noch schrecklicher ist die Angst
vor dem Entzugssyndrom.

Ein Sonderfall, dem ich in *„Das Rätsel der Sexualität"* größere Aufmerksamkeit gewidmet habe, ist die Liebe zu den Kindern, die, nach
Irenäus Eibl-Eibesfeldt, im Universum der Gefühle wie ein dicht be-
laubter Baum der verschwenderischen Liebe erscheint. Liebe zu den

Kindern ist eine fundamentale Neigung, die selbst dann nicht nachlässt, wenn sie ständig von schmerzhaften Empfindungen begleitet wird. Manchmal jedoch rufen auch diese gewohnheitsmäßigen Bindungen absolut zerstörerische Täuschungen hervor. Als Beispiel möchte ich einen Fall anführen, den Walter Riso, ein hispano-amerikanischer Therapeut, beschrieben hat und der wegen seiner Einfachheit von pathetischer Deutlichkeit ist. Eine seiner Patientinnen gab ihm folgende Beschreibung ihrer Liebesbeziehung:

> Ich bin seit zwölf Jahren mit ihm verlobt, aber ich möchte heiraten … Das Problem ist nicht die Zeit, sondern die Behandlung, die mir widerfährt … Nein, er prügelt mich nicht, aber er behandelt mich sehr schlecht … Er sagt mir, dass ich hässlich bin, dass er sich vor mir ekelt, vor allem vor meinen Zähnen, dass mein Atem stinkt … (sie weint) … Es tut mir leid, aber ich schäme mich, es zu sagen … dass mein Atem faulig stinkt… Wenn wir irgendwo in der Öffentlichkeit sind, lässt er mich vorgehen, damit man ihn nicht mit mir sieht, weil er sich schämt … Wenn ich ihm eine Kleinigkeit bringe, die ihm nicht passt, beschimpft er mich als „Dummkopf" oder „zurückgeblieben", macht es kaputt oder wirft es in den Müll, halbtot vor Wut. Ich bin immer diejenige, die bezahlt. Neulich brachte ich ihm ein Stück Torte, und weil es ihm zu klein war, warf er es auf den Boden und trampelte darauf herum … Ich fing an zu weinen … Er beleidigte mich und sagte, ich sollte sein Haus verlassen, da ich nicht einmal fähig wäre, ein elendes Stück Torte zu kaufen, dass ich zu nichts fähig wäre … Aber am schlimmsten ist es, wenn wir im Bett sind … Es ekelt ihn, wenn ich ihn streichle oder umarme … Von Küssen will ich gar nicht sprechen Wenn er sich sexuell befriedigt hat, steht er sofort auf und nimmt ein Bad … (sie weint) … Mir sagt er, er will nicht, dass ich ihn mit einer Krankheit anstecke … Dass das Schlimmste, was ihm passieren kann, ist, wenn er sich bei mir mit irgendetwas ansteckt …

Die Klage dieser armen Frau hat die Intensität einer Erzählung von Borges. Wir können uns anhand dieser Zeilen den Horror ihres Lebens vorstellen. Der Therapeut fragte sie: „Warum haben Sie ihn nicht verlassen?" und sie antwortete in einer Mischung aus Trauer und Verzweiflung: „Es ist, weil ich ihn liebe … Aber ich weiß, dass Sie mir helfen werden, ihn nicht mehr zu lieben … nicht wahr?"

Manchmal hat man das Gefühl, als führe die Liebe zu einer extremen Dummheit und verbreite sich wie eine Sucht.

4

Gestatten Sie mir nach diesem tragischen Abschnitt ein eher lächerliches Zwischenspiel. Es geht um die Eitelkeit, die so gut wie immer ein dummer und häufig auch ein ruinöser Wunsch ist. Ich habe mehr Männer kennen gelernt, die sich durch Eitelkeit heruntergewirtschaftet haben als durch finanziellen Bankrott. Eitelkeit ist „die übermäßige und alles beherrschende Gier, bewundert zu werden", sagt Maria Moliner. Kennzeichnend für sie ist, dass der Schein das Sein überlagert. Eitelkeit führt zu übertriebenen Verhaltensweisen, weil die Hierarchie der Ebenen nicht mehr stimmt. In den Chroniken der Herrscherhäuser ist festgehalten, dass die Höflinge unserer absolutistischen Könige ziemlich schnell an Schwermut starben, wenn sie vom Hof entfernt wurden. Tatsächlich aber starben sie an verletzter Eitelkeit, auch wenn diese Todesursache in keinem medizinischen Lexikon verzeichnet ist. Die ständige Jagd nach Ämtern und Würden führte in der damaligen Zeit zu einem eher peinlichen Schauspiel. Die Betrachtung eines Sonnenaufgangs über dem Horizont ist erhebend, aber beim *lever*, dem allmorgendlichen Augenöffnen des Sonnenkönigs im Schloss von Versailles, zugegen zu sein, war eine an Lächerlichkeit nicht zu überbietende Verherrlichung der Hofschranzen. So war es die Pflicht des obersten der Lakaien, die Vorhänge am königlichen Bett aufzuziehen. Der König öffnete die Augen. Sodann durften allein jene Würdenträger eintreten, die befugt waren, der feierlichen Zeremonie beizuwohnen. Anwesend waren Fürsten königlichen Geblütes, gefolgt von dem Fürstlichen Kammerherrn, dem Großmeister der Königlichen Garderobe und vier einfachen Kammerherren. Der König erhob sich vom Bett, und nach einer kurzen Verbeugung träufelte ihm der oberste der Lakaien einige Tropfen parfümierten Wassers über die Hände. Der Erste Kammerherr brachte ihm die Pantoffeln und der Großmeister der Königlichen Garderobe den Morgenrock. Dann wurde die Tür geöffnet, und der Hof trat ein, Minister, Gesandte, Marschälle. Der König entledigte sich des Morgenrockes, dann des Nachthemdes und legte ein Hemd an, das er vom Herzog von Orleans empfing, dessen Rang dem des Königs direkt untergeordnet war. Der Großmeister der Königlichen Garderobe, im Allgemeinen der älteste Herzog, hielt die Kleider des vorhergegangenen Tages in den Händen. Und so weiter, und so fort.

Die Langeweile – und der ihr innewohnende Wunsch nach Erlebnissen – trägt unter ihrer so harmlos wirkenden Erscheinung ein überraschend zerstörerisches Potential in sich. Fachleute wissen, dass der Hang zum Drogenmissbrauch mit der Langeweile, beziehungsweise der Unfähigkeit, sie zu ertragen oder zu durchbrechen, zusammenhängt. Sie wird auch zu einem großen Teil für viele Schießereien in den USA, für Hooliganismus in Sportstadien, Vandalismus auf der Straße oder für andere gewalttätige Verhaltensweisen verantwortlich gemacht. Ein spanisches Sprichwort sagt: „Wenn der Teufel nichts zu tun hat, tötet er mit dem Schwanz Fliegen." – Fliegen, oder was auch immer …

Im Jahr 1973 flog eine DC 10 mit eingeschaltetem Autopilot über Mexiko. Der Flugkapitän und der Bordmechaniker saßen untätig herum, und es gab auch nichts zu besprechen. Anhand der Aufzeichnung der Black Box wurde später rekonstruiert, dass der Mechaniker den Piloten fragte, wie der Autopilot reagieren würde, wenn man einen bestimmten Handhebel betätigt. Sie probierten es aus. Schlagartig verschwand die Langeweile: Einer der Motoren explodierte. Auch die Katastrophe von Tschernobyl scheint auf unerlaubte Manipulationen eines Arbeiters, der sich womöglich langweilte, zurückzuführen sein. Ich selbst bin nicht auf diesen Zusammenhang gestoßen; aber er wird in dem Buch „*The Worst Accident in the World*" von Hawkes und Kollegen erwähnt.

5

Empfindungen sind nichts anderes als Testerfahrungen. Sie zeigen uns, wie sich unsere Pläne oder Wünsche in der Konfrontation mit der Wirklichkeit verhalten, sind sozusagen ein Zeichen dafür, ob wir noch

„nachbessern" müssen oder nicht. Sie erfüllen ihre Aufgabe unzureichend, wenn sie uns ein schiefes oder fehlerhaftes Bild von Situationen vermitteln, wenn Ängste übertrieben oder Geschenke als Beleidigung aufgefasst werden, wenn wir das genießen, was uns zerstört, wenn wir uns bedroht fühlen, sobald uns jemand liebt, oder zufrieden sind, wenn wir erniedrigt werden. Die emotionale Struktur eines Individuums, das, was ich den „affektiven Stil" genannt habe, verändert die Anpassung an die Wirklichkeit dramatisch. In einigen Fällen ist dieser affektive Stil eindeutig pathologisch und müsste somit zur *geschädigten Intelligenz* gerechnet werden. Dazu gehören beispielsweise Depressionen sowie bestimmte krankhafte Ängste. Aber in den meisten Fällen ist er nicht die Frucht eines biologischen Determinismus, sondern hat biographische Wurzeln. Dann wurde unsere Intelligenz, diese große Ressource, von Empfindungen, mit denen wir nicht umgehen können, durcheinander geschüttelt. Die Art und Weise, wie wir empfinden, kann depressiv, wütend, exaltiert, melancholisch, willensschwach, optimistisch, pessimistisch, verliebt, widerborstig usw. sein; das heißt, dass wir in einer dieser Weisen auf viele Situationen reagieren. Es handelt sich dabei um genormte Empfindungen, um fest gefügte Module, die einen Teil unserer Persönlichkeit ausmachen. Mit ihnen deuten wir die Wirklichkeit. Aber sie sind weder objektiv noch unsachlich, sie lügen zwar nicht, aber sie zeigen uns auch nicht ein genaues Abbild der Wirklichkeit. In einem seiner Gedichte hat Fernando Pessoa die Empfindung düsterer Trostlosigkeit beschrieben:

> Welch tiefe Unruhe, welche Sehnsucht nach anderen Dingen,
> weder nach Ländern noch nach Momenten des Lebens,
> welche Sehnsucht vielleicht nach anderen Arten von Seelenzu-
>   ständen
>   benetzt von innen diesen so langen und entfernten Augenblick!

Es gibt Menschen, die über keine Begabung zum Glücklichsein verfügen, die in jedem Rückschlag eine Katastrophe sehen und für die sich jede Enttäuschung zu einer Tragödie ausweitet. Nicht nur, dass sie keine Illusionen haben – sie verachten diese sogar, wie Fernando Pessoa in seinem „*Buch der Unruhe*":

„Die Erschöpfung aller Illusionen … Ihr Verlust … Die Nutzlosigkeit, sie zu haben … Die vorausgehende Erschöpfung, sie haben
zu müssen, um sie zu verlieren … Die Bitterkeit, sie gehabt zu
haben … Die intellektuelle Scham, sie gehabt zu haben, wohl wis-
send, dass sie ein solches Ende nehmen würden."

Wie leicht zu erkennen ist, stellte Pessoa mit diesen Sätzen sorgfältig
alle Fallen auf, in die er dann auch treten wird. Andere Menschen dagegen haben einen scharfen Blick für das, was sie ermutigt. Um das zu
verdeutlichen genügt es, die Verse von Pessoa mit denen von Walt
Whitman zu vergleichen:

Oh, ein Gedicht von neuen Freuden zu leben, immerzu!
Tanzen, Beifall klatschen, jubeln, schreien, springen,
hüpfen, weiterleben, weiter sich treiben lassen!
Ein Seemann der Welt zu sein, in Richtung auf alle Häfen.
Ein Schiff sein (seht die Segel, die ich zur Sonne und zum Wind
    aufspanne).
Ein überbordendes und schwellendes Schiff, voll reicher Worte,
    voll Freuden.

Nun mag man die Dichtung von Pessoa der von Whitman vorziehen,
die zugegebenermaßen ein bisschen ermüdet. Doch im wirklichen
Leben – nicht beim Lesen: Wer zöge da nicht die Freude der Traurig-
keit vor, die Heiterkeit der Angst, die Hochstimmung der Niedergeschlagenheit, die Begeisterung der Schwermut, die Liebe dem Hass,
die Großzügigkeit dem Neid, die Furchtlosigkeit der Ängstlichkeit? Das
Fatale ist, dass wir alle mit dem Erreichen des Erwachsenenalters unseren affektiven Stil bereits entwickelt und ausgebildet haben und somit
zu diesem Zeitpunkt der harte Kern unserer Persönlichkeit feststeht.
Um es auf den Punkt zu bringen: Menschen unterscheiden sich in ihrer
grundsätzlichen Fähigkeit, glücklich zu sein und das Leben zu genießen. Für einige Autoren, wie beispielsweise die Wiener Sozialforscherin
Marie Jahoda, ist die Fähigkeit, sich des Lebens zu freuen, ein Kriterium
für geistige Gesundheit. Ich aber gehe noch weiter wenn ich behaupte
– mit allen Einschränkungen, die ich noch ausführen werde –, diese Fä-

higkeit könnte ein Kriterium für Intelligenz sein. Eine geistige Struktur, die es einem Individuum nicht ermöglicht, das Gute zu erkennen und zu genießen, erscheint mir nicht gerade als intelligent. Natürlich gibt es tragische Umstände, die bei einem Menschen Trauer und Verzweiflung auslösen, aber darauf beziehe ich mich nicht. Ich rede von den Fällen, in denen ein Mensch glücklich sein könnte und dieses Glück verwirft. Der spanische Renaissancelyriker Garcilaso de la Vega hat einen scharfsinnigen und zugleich bedauernswerten Vers geschrieben: „Süß wie die Frucht in einem fremden Garten." Ich finde es ausgesprochen dumm, die Süße der Frucht im eigenen Garten nicht wahrzunehmen. Und insofern zeigt dieses Beispiel sehr deutlich die Hartnäckigkeit, mit der wir uns das Leben verbittern.

6

Es sieht ganz so aus, als seien wir diesen affektiven Stilen, die durch Erlernen einen Teil unserer Computer-Intelligenz bilden, wehrlos ausgeliefert. „Der Charakter des Menschen ist sein Schicksal", sagte schon der alte Heraklit und stellte fest, dass dieser Charakter nicht immer besonders angenehm ist. Miguel de Unamuno erzählt in *„Abel Sánchez – Die Geschichte einer Leidenschaft"* von einem Manne, der von Neid erfüllt ist. Der Neid nagt an ihm. Wachsam beäugt er die Glücksfälle des Beneideten, er lästert über dessen Verdienste oder lobt sie, ins Gegenteil verfallend, unverhältnismäßig enthusiastisch, um sein Gewissen zu beruhigen. Er kapselt sich in seinem Neid ein und nimmt das Leben nur noch aus der Perspektive der Eifersucht wahr. Diese Missgunst prägt all seine Empfindungen, er identifiziert sich mit ihr und ist unfähig, einen Schritt zurückzutreten und sich selbst zu beobachten. In trotziger Selbstbezogenheit ist er davon überzeugt, die Realität zu sehen, während er sie in Wirklichkeit nur durch den Filter seiner Bitterkeit interpretiert. Joaquín Monegro, der Protagonist in Unamunos Roman, ist erfüllt von dem Dämon des Hasses und der Eifersucht. Als er auch noch die geliebte Cousine an den Beneideten verliert, ist er fest davon überzeugt, dass der andere diese Ehe aus reiner Boshaftigkeit eingeht:

„Sie heiraten, um mich zu erniedrigen, um mich zu demütigen; sie heiraten, um sich über mich lustig zu machen; sie verheiraten sich gegen mich."

Neid ist ein überaus interessanter affektiver Stil. Wir alle können irgendwen „beneiden", der schöner, mächtiger, glücklicher oder geistreicher ist als wir. Immer gibt es jemanden, der uns mit irgendeiner Fähigkeit überlegen ist. Doch warum empfinden einige Individuen Neid und die meisten anderen nicht? Warum überschattet bei einigen Menschen diese Empfindung das ganze Leben? Der Philosoph und Humanist Juan Luis Vives hat gesagt, Neid sei ein Kind des Hochmuts und der Kleinheit; man würde ihn als ein beschämendes Gefühl wahrnehmen.

„Daher wagt niemand zu gestehen, dass er einen anderen beneidet; viel bereitwilliger gibt einer zu, dass er verärgert ist oder dass er haßt oder sogar, dass er Angst hat, weil diese Leidenschaften weniger beschämend und nachteilig sind."

Das lässt erkennen, dass Neid für denjenigen, der ihn empfindet, ein Zeichen des Mangels ist. Der Neidische wünscht sich möglicherweise, er könne ohne die Vergiftung des Ungeheuers Missgunst leben, aber er erfährt immer wieder, dass diese Versuche zum Scheitern verurteilt sind. Sehr nahe beim Neid liegt die Eifersucht, eine affektive Störung, die zwischen Normalität und pathologischem Zustand schwankt, wie Castilla del Pino zeigen konnte.

Auch der Groll ist ein affektiver Stil, der das ganze Leben untergraben kann. Er definiert sich über die hartnäckige Weigerung, eine einmal zugefügte Ungerechtigkeit oder einen erlittenen Schaden zu vergessen.

„Die Aggression bleibt am Grund des Bewusstseins gefangen, manchmal unbemerkt; dort drinnen brütet sie ihre Bitterkeit aus und lässt sie gären; sie ergreift das gesamte Wesen; und zuletzt übernimmt sie die Lenkung unseres Verhaltens und unserer geringsten Reaktionen. Diese Empfindung, die nicht ausgemerzt worden ist, sondern beibehalten und Bestandteil unserer Seele geworden ist, ist der Groll."

schrieb Gregorio Marañon in seinem Werk „*Tiberius. Die Geschichte eines Ressentiments*". Wie alle affektiven Stile ändert auch das Ressentiment die gesamte Empfindungswelt. Es gibt einen Satz von Robbespierre, möglicherweise einem Grollenden, den man nicht ohne Schaudern lesen kann: „Ich habe seit frühester Kindheit die schmerzliche Sklaverei der Dankbarkeit empfunden." Friedrich Nietzsche und Max Scheler haben die Macht des Ressentiments beschrieben, die in der Lage ist, eine gesamte Wertehierarchie auf den Kopf zu stellen.

> „Es ist eine seelische Selbstvergiftung", schreibt Scheler, „die entsteht, wenn systematisch die Entladung gewisser Empfindungen und Affekte unterdrückt wird, die normal sind und zutiefst zur menschlichen Natur gehören (beispielsweise Rache); als Folge ergeben sich gewisse dauerhafte Neigungen zu bestimmten Arten von trügerischen Werten und entsprechenden Werturteilen."

Der Groll zählt, ebenso wie Neid und Eifersucht, mit denen er eng verwandt ist, zu den affektiven Stilen und führt zwangsläufig zu einem lebenslangen Scheitern. Denn sein Opfer lebt nicht sein eigenes, sondern ein entfremdetes Leben, von außen gelenkt durch den vermeintlichen Aggressor, dessen Kränkung es unaufhörlich durchleben muss.

Ich habe bereits dargelegt, dass das Scheitern der Intelligenz auf ein verkapseltes Modul, das unerbittlich unser Verhalten steuert, zurückzuführen ist. Neid, Eifersucht und Groll sind dafür deutliche Beispiele. Shakespeare hat diese Mechanismen vollkommen verstanden, insofern hätte man dieses Buch allein mit Beispielen aus seinen Tragödien illustrieren können. „*Richard III.*" beispielsweise erzählt die Geschichte einer durch Ressentiments verzerrten Intelligenz. Kaum hat sich der Vorhang gehoben, erläutert uns die Titelgestalt genau das – und diese Erklärung ist von solcher Schönheit, dass ich sie ganz übernehme:

> Nun ward der Winter unsers Mißvergnügens
> Glorreicher Sommer durch die Sonne Yorks;
> Die Wolken all, die unser Haus bedräut,
> sind in des Weltmeers tiefem Schoß begraben.
> Nun zieren unsre Brauen Siegeskränze,
> Die schart'gen Waffen hängen als Trophä'n;

Aus rauhem Feldlärm wurden muntre Feste,
Aus furchtbarn Märschen holde Tanzmusiken.
Der grimm'ge Krieg hat seine Stirn entrunzelt,
Und statt zu reiten das geharn'schte Roß,
Und droh'nder Gegner Seelen zu erschrecken,
Hüpft er behend zu seiner Dame Zimmer
Nach üppigem Gefallen einer Laute.
Doch ich, zu Possenspielen nicht gemacht,
Noch um zu buhlen mit verliebten Spiegeln;
Ich, roh geprägt, entblößt von Liebesmajestät
Vor leicht sich dreh'nden Nymphen mich zu brüsten;
Ich, um dies schöne Ebenmaß verkürzt,
Von der Natur um Bildung falsch betrogen,
Entstellt, verwahrlost, vor der Zeit gesandt
In diese Welt des Atmens, halb kaum fertig
Gemacht, und zwar so lahm und ungeziemend,
Dass Hunde bellen, hink' ich wo vorbei;
Ich nun, in dieser schlaffen Friedenszeit,
Weiß keine Lust, die Zeit mir zu vertreiben,
Als meinen Schatten in der Sonne späh'n
Und meine eigne Mißgestalt erörtern;
Und darum, weil ich nicht als ein Verliebter
Kann kürzen diese fein beredten Tage,
Bin ich gewillt, ein Bösewicht zu werden,
Und feind den eitlen Freuden dieser Tage.
Anschläge mach ich, schlimme Einleitungen,
Durch trunkne Weissagungen, Schriften, Träume,
Um meinen Bruder Clarence und den König
In Todfeindschaft einander zu verhetzen.
Und ist nur König Eduard treu und echt,
Wie ich verschmitzt, falsch und verräterisch,
Kommt Clarence heut in peinlichen Verhaft,
Für eine Weissagung, die sagt, dass G
Den Erben Eduards nach dem Leben steh'.
Taucht unter, ihr Gedanken! Clarence kommt.

(*Richard III.*, I. Akt, 1. Szene; Übers. zit. nach Schlegel und Tieck)

Richard III. überlegt vernünftig und schlau. Er verfolgt seine Ziele mit Berechnung und List, seine Intelligenz jedoch erscheint mir mangelhaft, da er die Wirklichkeit nur aus Sicht seiner Behinderung wahrnimmt. Etwas Ähnliches erlebte der Herzog von Bomarzo, der in der zweiten Hälfte des 16. Jahrhunderts seinen Garten wie eine systematische Entstellung der Wirklichkeit gestalten ließ. Dieses Labyrinth voller Skurrilitäten findet man in Viterbo, einige Kilometer von Rom entfernt, und, wie es Louis Vax erklärt hat,

> „es ist alles entstellt, pervertiert; menschliche Körper, Architektur, die Natur selbst. Auf den Inschriften, die wir inmitten des Dschungels entziffern können, lesen wir, dass er einen ‚heiligen Wald' schaffen wollte, ‚der keinem anderen gleicht', der nichts mehr gleichen sollte als ‚ihm selbst'".

Diese Beispiele sind nur eine Metapher für das, was ich verdeutlichen will: Gefühle von Hass, Tücke, Scham oder Neid können die Sicht der Dinge völlig verzerren. Sie nehmen einen ihnen unangemessenen Raum ein und werden dadurch zu einem Teil der ihnen übergeordneten psychologischen Hierarchie. Wir werden noch erkennen, warum das nicht sein muss.

7

Affektive Stile, diese mühsam erworbenen biographische Konstruktionen, bilden einen Teil unseres Charakters. Wir haben sie im Laufe unseres Heranwachsens immer wieder geübt und verfeinert, aber wir können sie uns auch wieder abtrainieren. Da ich der Ansicht bin, dass Vorbeugung besser ist als langwierige Heilungsprozesse, arbeite ich an einer *Psychologie des Entstehens,* um die Entwicklung einer Persönlichkeit zu erforschen. In meiner Untersuchung werde ich die Physiologie, das Temperament, die Erziehung und das soziale Umfeld berücksichtigen. Es soll eine Art entwicklungspsychologischer Ratgeber werden und zwar mit dem Ziel, die Herausbildung einer intelligenten Persönlichkeit zu fördern. Was sind die bestmöglichen Bedingungen, um glücklich zu sein? Fortgesetzt werden soll dieser Ratgeber in einer *Pädagogik der Möglichkeit, der Kreativität und der persönlichen Ressourcen.*

Für einen Fachmann der „Psychologie der Persönlichkeit" mag es seltsam und vielleicht unerträglich klingen, wenn ich hier von der „Zielvorstellung einer Persönlichkeit" schreibe. Denn für ihn steht die Persönlichkeit nicht am Ende, sondern am Anfang des Verhaltens, nach seinem Verständnis ist sie eine überprüfbare und messbare Tatsache: eine Einheit aus stabilen Charakterzügen sowie individuellen Arten zu empfinden, zu denken und zu handeln. Nach diesen Kriterien wird eine Persönlichkeit identifiziert, und mit genau diesen Merkmalen unterscheidet sie sich von der anderer Menschen. Der Charakter ist ein Teil der Individualität und entspricht der strukturellen Computer-Persönlichkeit. Meinen Charakter kann ich durch meine Handlungen nicht verändern, da er es ja ist, der mein Handeln steuert.

In all meinen Büchern plädiere ich für eine stärker gegliederte Theorie der Persönlichkeit, da mir diese Unterteilung für das praktische Leben nützlicher und sinnvoller erscheint. So untergliederte ich beispielsweise die Entstehung einer Persönlichkeit in drei Etappen. Auf der Basis des ersten Abschnitts, der biologischen Matrix, entstehen im Rahmen komplexer Erziehungs-, Reifungs- und Erfahrungsprozesse die folgenden Etappen:

Die *ererbte Persönlichkeit*: Darunter verstehe ich die individuelle genetische Matrix, die Karten, die uns für das Spiel des Lebens in die Hand gegeben werden. Ihre Hauptelemente sind unsere grundlegenden intellektuellen Fähigkeiten, unser Temperament und unser Geschlecht.

Die *erworbene* beziehungsweise *erlernte Persönlichkeit*: Sie ist unser Charakter, und in ihr sind all jene affektiven, kognitiven und operativen Gewohnheiten gebündelt, die wir uns mit den Fähigkeiten der ererbten Persönlichkeit angeeignet haben. Sie ist das, was die Klassiker „zweite Natur" nannten. Der erlernten Persönlichkeit sind die affektiven Stile zuzurechnen und sie ist eng mit der Computer-Intelligenz verbunden.

Die *ausgewählte Persönlichkeit*: Das ist die Art und Weise, wie ein Mensch in einer ganz konkreten Situation seine Karten ausspielt. Widersetzt er sich seinem Charakter oder akzeptiert er ihn? Die ausgewählte Persönlichkeit lässt sich auf den Lebensplan und das Wertesystem ein und nutzt die realen Umstände für sich. Sie ist ein Resultat der ausführenden Intelligenz.

Die drei Etappen der Persönlichkeit lassen sich in einem einfachen Schema darstellen:

Basis-Intelligenz + Temperament + Geschlecht = *ererbte Persönlichkeit*

Ererbte Persönlichkeit + Gewohnheiten = *erworbene Persönlichkeit (Charakter)*

Charakter + Visionen + Verhalten = *ausgewählte Persönlichkeit*

Wir alle kommen mit einer ererbten Persönlichkeit zur Welt, mit unserer ganz persönlichen Matrix, die uns empfänglich macht für das Glück
– oder für das Unglück. Kinderpsychologen, die sich mit der Erforschung des Temperaments befasst haben, prägten Begriffe wie „schwierige Kinder" oder „Kinder mit *negativem Lustantrieb*". Glücklicherweise
handelt es sich bei der ererbten Persönlichkeit nicht um einen unheil-
baren biographischen Determinismus. Mit Ausnahme von pathologischen Fällen können die Anlagen des Temperaments verändert oder
neu gestaltet werden. Meinen Schülern gegenüber vergleiche ich sehr
gerne die menschliche Intelligenz mit einem Kartenspiel. Zu Beginn
der Partie, also bei der Geburt, erhalten wir unsere genetisch festgeleg-
ten Karten. Wir alle wissen, dass es bessere und schlechtere Spielkarten
gibt und dass es von Vorteil ist, die guten zu haben. Aber gewöhnlich
gewinnt nicht der mit dem besten Stich, sondern der beste Spieler. Bei
einer Erziehung zur Intelligenz unterrichten wir unsere Schüler darin,
all ihre Fähigkeiten und Anlagen gut einzusetzen – auch wenn diese
manchmal nicht gerade üppig sind.

(Eine Bemerkung vorab: Später werde ich erklären, dass eines der
Ziele der sozialen Intelligenz – die uns die Schulpflicht, die Sozialversi-
cherung und das Rechtssystem hat erfinden lassen – darin besteht, die
Macht des Zufalls und des Schicksals zu begrenzen. Das heißt zu versuchen, den Einfluss der ausgeteilten Karten so gering wie möglich zu
halten.)

8

Die affektiven Stile sind Bestandteile des Charakters und bilden, ebenso
wie eingefahrene Gewohnheiten, einen Teil der Computer-Intelligenz.
Sie agieren nach ihren eigenen Regeln und Gesetzmäßigkeiten, sind
Quellen an Erfahrung und aktive Mechanismen des Gedächtnisses. Um

es auf den Punkt zu bringen: Sie sind unsere zweite Natur. Sie wählen Informationen, steuern das Erleben, ermuntern zum Handeln oder raten davon ab. Wohlgemerkt: Sie sind erworben, und das eröffnet uns die Möglichkeit, sie zu manipulieren. Wir haben die Chance, den Bauplan unserer geistigen Maschinerie, unsere Computer-Intelligenz zu verändern.

Um jedoch sinnvoll eingreifen zu können, ist es notwendig, die Strukturen der Gewohnheiten zu analysieren. Es gibt drei Hauptfaktoren:

1. Das System der Wünsche und Pläne. 2. Unsere Überzeugungen vom Funktionieren der Welt und unsere Erwartungen an das Leben. 3. Unser Selbstbild sowie unsere Fähigkeit, mit Problemen umzugehen. Es ist leicht zu erkennen, dass sich innerhalb dieser drei Faktoren emotionale und kognitive Gewohnheiten vermischen. Aber so sind wir nun einmal gemacht.

Unsere *grundlegenden Wünsche* schlagen sich in Plänen und Visionen nieder, die unser Handeln so steuern, dass wir selbst große Hindernisse überwinden, um ein Ziel zu erreichen. Daher zählen sie zu den dynamischen Antriebskräften, die unser emotionales Gleichgewicht bestimmen. Ein Beispiel: Wenn ich mir vorgenommen habe, in geschäftlicher Hinsicht Erfolg zu haben, fühle ich mich ziemlich frustriert, wenn sich dieser Erfolg nur in meinem Liebesleben zeigt.

Der zweite Faktor wird durch unsere *Überzeugungen vom Funktionieren der Welt und über unsere Erwartungen an die Wirklichkeit* bestimmt. Aber: Tief verborgen unter Empfindungen, die spontan und ursprünglich erscheinen, agieren fundamentale Grundsätze, die man als kollektive Verhaltensregeln bezeichnen könnte. Als Beispiel erwähne ich hier die Eifersucht. In Gesellschaften, in denen das kollektive Wir-Gefühl mehr zählt als das individuelle Ich, sind wechselnde sexuelle Beziehungen keine Bedrohung für die Struktur einer Persönlichkeit. R. B. Hupka bemerkt zum Thema Eifersucht, dass zu Beginn des 20. Jahrhunderts in ganz Indien niemand eifersüchtig war, wenn sein Partner eine sexuelle Beziehungen zu einem anderen Mitglied der Gruppe hatte, dass die Eifersucht aber in dem Augenblick akut wurde, in dem der Partner eine sexuelle Beziehung außerhalb des eigenen Stammes einging.

Überzeugungen und kollektive Verhaltensregeln sind die Drahtzieher „gefühlsmäßiger Gewohnheiten", und es ist nur verständlich, dass wir vernunftbegabte Wesen uns damit auseinander setzen. Nehmen wir nur als Beispiel den Nationalismus, wobei es zunächst ein terminologisches Problem zu klären gilt: Mit „Patriotismus" bezeichnen wir das Gefühl, das wir unserem eigenen Land gegenüber empfinden, doch wenn wir über die Vaterlandsliebe eines anderen Volkes sprechen, etikettieren wir diese abwertend als „Nationalismus". Diese unterschiedlichen Bezeichnungen sind eine pädagogisch schwierige Angelegenheit, deren psychologische Struktur ich hier nur streifen kann. Grob gesagt beruht sie auf der fundamentalen Notwendigkeit, zu einer Gruppe zu gehören. Einige Individuen empfinden das stärker als andere. Die Gruppenzugehörigkeit fällt unter den erstgenannten affektiven Stil und liegt auf der gleichen Ebene wie Motivationen oder Wünsche und Pläne.

Ausgehend von dem Bedürfnis nach Gruppenzugehörigkeit beginnt der kognitive Eingriff, wobei zwei Antriebe die Identifizierung mit der Gruppe fördern: Zum einen definiert sich das Individuum über die Gemeinschaft und zum anderen bestimmen kulturelle Verhaltensweisen die wechselseitige Beziehung zwischen einer Person und ihrer Gruppe.

Die Definition mit der Gruppe prägt sich bereits Kindern wie eine unverrückbare Wahrheit ein, die – wie ich fürchte – gefährlich ist, da auf diese Art und Weise ein relatives Kriterium zu einem absoluten wird. Ein Kind beispielsweise lernt, dass es aus San Sebastián stammt, dass es ein Baske ist oder ein Spanier oder ein Europäer oder ein menschliches Wesen.

Wie kann es sich für die beste Identifikation entscheiden, ohne emotionaler Willkür oder historischer Zufälligkeit zu verfallen? Was ist seine Nation? Ist es die Stadt San Sebastián, ist es die Provinz Guipúzcoa oder das gesamte Baskenland? Ist es möglicherweise Spanien oder Europa oder vielleicht die ganze Erde? Hinzu kommt ein zweites Problem. Die Psychologie hat die Entwicklung des Nationalgefühls erforscht und dabei herausgefunden, dass Kinder mit vier Jahren ihr eigenes Land am liebsten mögen und dass dieser patriotische Stolz langfristig einen wesentlichen Teil ihrer Selbsteinschätzung ausmacht. Die nationale Identität tritt in Begleitung eines Vorurteils gegen andere Na-

tionen auf, denn Kinder neigen dazu, scharfe Differenzierungen vorzunehmen, und nichts ist so einfach, wie das Eigene als gut einzustufen
und das Fremde als schlecht. Kinder sind Manichäer, ohne sich darüber
im Klaren zu sein. Eine weitere Methode der Vereinfachung besteht
darin, die Wahrnehmung anderer Gruppen auf ihre Stereotypen zu reduzieren. Kulturelle Eigenheiten werden so – weil das Gefühl für das
allen gemeinsame Menschsein abhanden kommt – zu unmittelbaren
Gegensätzen. Viele Völker nennen sich selbst „die Menschen" und
schließen dadurch alle Fremden aus dieser Kategorie aus.

Fassen wir zusammen: Ausgehend von der persönlichen Matrix und
unter Einbeziehung der unterschiedlichsten Überzeugungen gestaltet
jeder Mensch seine emotionalen Gewohnheiten, seine Motivationsstile
und seine Verhaltensweisen individuell. Doch selbst jene, deren Charakter sich über Jahre hinweg zu einer inneren Erstarrung verfestigt hat
und die in ihrer Situation oder ihrem Status gefangen sind, müssen sich
nicht auf Dauer mit diesem Schicksal abfinden. Nicht umsonst bündelt
sich der Wunsch nach einem anderen, einem besseren Lebensgefühl in
all den Büchern und Ratgebern zum Thema Selbsthilfe oder in Besuchen bei Analytikern und Psychotherapeuten jeder Couleur. Können
wir unser Schicksal beeinflussen? Ich bin davon überzeugt. Wir verfügen über das Potential, unsere innere Haltung neu zu gestalten.

Wir verfügen über die Fähigkeit, auf der Basis unserer individuellen
Matrix eine intelligentere Persönlichkeit zu gestalten, und können
dafür sorgen, dass die großen Hüter der Gesetze mit den vielen kleinen
(psychischen) Landesherren in Verhandlung treten und Einigkeit erzielen. Auch als innere Ressource hat die Demokratie ihren Wert. Sie einzuführen erfordert die gleiche Geduld und Ausdauer wie das Erlernen
einer neuen Sprache, denn im Grunde genommen geht es darum, die
Welt auf eine andere Weise wahrzunehmen.

IV. Das Scheitern der Sprache

1

Martha und George sind gebildet, ironisch, geistreich – und miteinander verheiratet. Doch in ihrem Zusammenleben widmen sie sich nur einer einzigen Aufgabe: der gegenseitigen Demütigung und Zerstörung. Davon erzählt Edward Albees Schauspiel „*Wer hat Angst vor Virginia Woolf?*". Es ist die Geschichte von gescheiterten Intelligenzen, zerfressen von Frustration und Ressentiment. Nach einem Fest, das Marthas Vater, der Collegepräsident, gegeben hat, verstrickt sich das Ehepaar in ein grausames Spiel der Selbstzerfleischung. Martha möchte weiter trinken, während sie auf ein Ehepaar warten, das sie auf der Party kennen gelernt haben.

> Martha: Hihihihihi! Geh, Mach mir noch etwas zu trinken …, Mannsbild.
> George: (nimmt ihr Glas) Komm, gib schon her …
> Martha: (macht ein Baby nach) Die Tleine hat Durst.
> George: Um Gottes Willen!
> Martha: (während sie herumläuft) Schau Liebling, ich möchte trinken, wann ich Lust dazu habe … also mach dir keine Sorgen um mich!
> George: Martha, es ist schon Jahre her, dass ich dir eine Belohnung gegeben habe … Es bleibt nichts Abscheuliches, auf das du nicht schon Lust gehabt hast …
> Martha: Ich schwör dir's … wenn es dich gäbe, würde ich mich von dir scheiden lassen.
> George: Ist ja gut, aber halte dich auf den Beinen, wenigstens das … Diese Leute sind deine Gäste, und…
> Martha: Jetzt sehe ich dich nicht mehr … Ich habe dich seit Jahren nicht gesehen…

Die Sprache, dieses großartige System der Kommunikation und des Verstehens, wird in diesem Theaterstück zu einer tödlichen Waffe im immerwährenden Ehekrieg. Achtzig Prozent aller spanischen Frauen beklagen sich darüber, dass ihre Partner nicht genügend mit ihnen sprechen. In den USA liegt der Prozentsatz bei vierundneunzig. Dass er dort höher liegt, ist wirklich nur ein schwacher Trost, wenn man bedenkt, dass das Scheitern der Kommunikation das Leben so vieler Menschen vergiftet. Das Problem ist gravierend und weitreichend, vor allem wenn man bedenkt, dass nicht nur die Struktur unserer Intelligenz, sondern auch unser Umfeld auf sprachliche Kommunikation angewiesen sind. Daher schließe ich mich hier voll und ganz der Auffassung meines Lehrers an, des Philologen Émile Benviste, der feststellte: „Sprache dient in erster Linie zum Leben und erst dann zur Kommunikation." Tatsächlich war am Anfang das Wort, und das Wort dient zum Leben.

Mit dem Antritt des Wortes hat sich die Welt verdoppelt. Mehr noch: Auch die Ausdrucksmöglichkeit der menschlichen Intelligenz hat sich verdoppelt. Wir verbringen das Leben im Dialog mit anderen – aber auch mit uns selbst. Wir stellen uns Fragen, wir machen uns Vorwürfe, wir erzählen uns unsere eigene Geschichte, wir geben uns Befehle. Mit wem diskutiere ich, wenn ich eine Ausrede dafür suche, dass ich Billard spielen gehe, anstatt weiter zu schreiben? Dieser individuelle Dualismus, diese Polarität richtet mein Augenmerk auf zwei ganz unterschiedliche Fälle:

Das Scheitern beim Sprechen mit uns selbst.
Das Scheitern beim Sprechen mit anderen.

2

Die Sprache zählt zu einem der übergreifenden Systeme, die die Module unserer Intelligenz miteinander verbinden. Ihre integrierenden Funktionen sind vielfältig, und sie ist ein wirklich großartiges Instrument der ausführenden Intelligenz. Sie macht uns bewusst, was sich auf der Ebene der Computer-Intelligenz abspielt, und gestattet uns, in unserem Gedächtnis zu forschen, Pläne zu schmieden und uns selbst zu motivieren. In einem der einflussreichsten psychologischen Fachbücher des vergangenen Jahrhunderts – „*Strategien des Handelns*" von Miller, Galanter und Pribram – lesen wir:

> „Die willkürlichen Pläne, die am besten ausgearbeitet sind, schließen eine sich ihrer selbst bewusste Verwendung der Sprache ein. Die innere Sprache bildet das Material, aus dem unser Wille gemacht ist."

Die beiden wesentlichen Funktionen der Sprache bestehen also darin: Informationen weiterzugeben und Verhaltensweisen mit Hilfe von Wünschen, Fragen, Bitten, Befehlen, Drohungen und Verlockungen zu beeinflussen. Diese beiden Funktionen wirken nicht nur nach außen, sondern auch nach innen.

Anscheinend baut sich auch unser Bewusstsein auf einem Geflecht von Worten auf. Dies war übrigens eine überraschende Entdeckung des von mir bewunderten Gehirnforschers Roger Sperry, den ich bereits erwähnt habe. Um unkontrollierbare Epilepsien seiner Patienten zu heilen, trennte er mit einem chirurgischen Eingriff deren zerebralen Hemisphären und zerschnitt die sie verbindende neuronale Brücke, das so genannte *Corpus callosum*. Auf den ersten Blick blieb diese spektakuläre Operation für die Patienten folgenlos. Im Zuge einer ausführlicheren Beobachtung jedoch stellte sich heraus, dass die Informationen, die von der einen Hemisphäre aufgenommen wurden, der anderen unbekannt blieben. Um es bildlich darzustellen: Die Computer-Intelligenz war geteilt worden, und jede Hemisphäre war ein unabhängiges System, das für sich Informationen verarbeitete und Entscheidungen traf. Aber in welcher dieser beiden Hirnhälften war das Individuum zu Hause? Wo war die ausführende Intelligenz angesiedelt? Natürlich in der linken Gehirnhälfte, und zwar dort, wo sich das Sprachzentrum befindet. Damit kann die Frage: Wer bin ich? ganz einfach beantwortet werden. Ich bin derjenige, der in ausübender Form mit sich selbst spricht. Die Sprache hilft uns dabei, den versklavten Mechanismus unserer Computer-Intelligenz zu erkennen und zum Teil zu beherrschen. Mit ihr bekommen wir die selbständig agierenden Programme unseres Unterbewussten in den Griff. Sigmund Freud hat das in einem sehr ausdrucks-vollen Halbsatz festgehalten: *„Wenn man ihn dann nötigt, seinem Affekt Worte zu verleihen ..."*. Was den Patienten krank macht, ist das Schwei-gen, und die Sprache ermöglicht den Schritt vom Unbewussten zum Bewusstsein. In *„Das Ich und das Es"* schreibt Freud:

> „Der Unterschied zwischen den unbewußten und den vorbewuß-ten Ideen besteht darin: die ersteren treten in einem Bereich auf, der immer unbekannt bleibt, während die zweiten (die vorbewuß-ten) sich außerdem mit ihrer Äußerung in Worten verbinden."

Daher lautet eine der fundamentalsten Regeln der Psychoanalyse: „Sagen Sie es laut"; diesen Satz verwendeten Freud und Jung auch immer wieder in ihrer Korrespondenz.

Hat Sigmund Freud Recht gehabt? Er ist mittlerweile erwiesen, dass unausgesprochene subjektive Erlebnisse zur emotionalen Teilnahms-losigkeit führen und die Lebensfreude massiv beeinträchtigen. Auch gibt es überzeugende Beweise für einen Zusammenhang zwischen sprachlichen Schwierigkeiten und Aggressivität. Die meisten der Ju-gendlichen, die wegen Gewalttätigkeit in psychologische Behandlung kommen, haben auch Sprachprobleme, die in einigen Fällen zuvor nicht entdeckt worden waren. Inzwischen gilt es als erwiesen, dass all diese impulsiven Jugendlichen eines gemeinsam haben: das Scheitern der inneren Sprache zur Kontrolle des Verhaltens. In der Psychiatrie spricht man hier von *Alexithymie*, der Unfähigkeit, bei sich oder ande-ren Gefühle wahrzunehmen oder in Worte zu fassen.

Ohne die Hilfe der inneren Sprache bleibt unser subjektives Empfin-den unartikuliert, undurchsichtig und verschwommen. Wir fühlen uns verwirrt und hilflos angesichts der namenlosen Emotionen, die wir nicht verstehen. „Ich weiß nicht, was soll es bedeuten, dass ich so trau-rig bin", seufzt Heine in einem seiner Gedichte, und ich verstehe ihn. Wir müssen lernen, unsere eigenen Gefühle zu analysieren und dabei die Ressourcen einsetzen, die uns mittels der Sprache zur Verfügung stehen. Nur mit ihrer Hilfe gelingt es uns, unsere Aufmerksamkeit auf das eigene bewusste Leben zu richten. Sie ist das Mittel zur Reflexion. Es gibt jedoch zwei Gründe, aus denen auch diese subjektive Sprache scheitern kann: entweder durch einen Mangel oder durch ein Übermaß. Mangelt es jemandem an der analytischen Innenschau, so hat das eine impulsive, ungehobelte und unberechenbare Intelligenz zur Folge; eine exzessive Selbstreflektion, ein Übermaß an Analyse und fortwährendes Grübeln dagegen wirken lähmend. Der goldene Mittelweg – in diesem wie in den meisten Fällen – besteht darin, das eigene Handeln kritisch zu hinterfragen. Angemessen ist ein Maß an Introspektion, das unsere Anpassung an die Realität verbessert und damit unsere Möglichkeiten fördert, glücklich zu sein.

3

Betrachten wir dieses Phänomen etwas eingehender:

Wir sprechen ständig mit uns selbst. „Der Mensch ist ein innerer Dialog", schrieb Blaise Pascal. In unserem inneren Dialog reichen wir uns Informationen weiter, geben uns Befehle und stellen uns Fragen. Man kann also festhalten, dass Sprache nicht nur dazu dient, mit anderen zu kommunizieren, sondern auch mit uns selbst. Und das erscheint – mir wenigstens – höchst sonderbar. Warum tun wir das? Warum stellen wir uns selbst Fragen? Ist das nicht ein überflüssiges und nutzloses Verhalten? Ich frage mich und ich antworte mir. Was soll dieses Doppelspiel? Mit Hilfe der Sprache lernen wir, unsere Intelligenz im Zusammenleben mit anderen einzusetzen, und das tun wir unser ganzes Leben lang. Daniel Dennett, Professor an der Tufts University, vermutete, dass sich der Mensch im Laufe der Evolution daran gewöhnt hatte, von seinem Nächsten Hilfe zu erbitten. Doch dann gab es in einem entscheidenden Moment dieser sozialen Beziehung einen unerwarteten Kurzschluss. Es war kein Nächster da: „Der Mensch bat unter unangemessenen Umständen um Hilfe, nämlich in einem Moment, als es keinen gab, der ihn hören und ihm antworten konnte – außer ihm selbst! Als der Mensch seine eigene Aufforderung vernahm, rief dieser Reiz die Klassifizierung der Reaktion als ‚nützlich' hervor und zu seinem großen Erstaunen stellte der Mensch fest, dass er sich seine eigene Frage beantwortete. Er hatte in diesem Moment den Nutzen der kognitiven Selbststimulation entdeckt."

All das führt uns zwangsläufig zu der Feststellung, dass der „individuelle" Geist in Wirklichkeit aufgrund seines Ursprungs und seiner Funktionsweise ein „sozialer" Geist ist. Die innere Sprache ist eine vergeistigte Kommunikation und bestimmt die Art und Weise, wie wir mit uns selbst und mit anderen sprechen.

Das Instrument der Sprache ist seinem äußeren Charakter nach ein objektives Werkzeug, um mit anderen in Beziehung zu treten. Worte oder Rufe sind in erster Linie Mittel, um entweder das eigene oder das Verhalten anderer zu beeinflussen. Ursprünglich entstand die Sprache in einer Lebenswelt, die voller praktischer Aufgaben war. Zuerst wurde sie allein für soziale Zwecke angewandt – Zusammenarbeit, Warnung, Drohung, Information –, und erst viel später entwickelte sie sich zu einem Instrument, mit dem wir Menschen uns selbst beeinflussen konnten. Die Absicht des Sprechers – hebt Schlesinger hervor – ist in erster Linie gebieterisch: sie strebt danach, das Bewusstsein oder die Aufmerksamkeit des Zuhörers zu steuern.

Wenn sich die Sprache nach innen wendet, wird sie zu einem subjektiven Instrument der Beziehung zu sich selbst. Ich führe nicht mehr einen Dialog mit jemand anderem, sondern mit mir selbst. Und ich verwende dazu ein soziales Werkzeug, das meinem Denken seinen Stempel aufdrückt. „Das Bewusstsein", schreiben Adriana Silvestri und Guillermo Blanck, „erscheint daher als eine *Form des sozialen Kontakts mit sich selbst.*"

4

Doch auch im sozialen Kontakt mit sich selbst kann ein Scheitern der inneren Sprache auftreten. Das erste Scheitern, um noch einmal daran zu erinnern, war die Unfähigkeit, sich der eigenen Person bewusst zu werden. Nun aber beschäftige ich mich mit jenen sprachlichen Mechanismen, die uns zwangsläufig ins Unglück stürzen, weil sie nichts als Erstarrung mit sich bringen.

Beispielsweise das Grübeln: Eine schwere Sorge produziert Sätze, die sich immer und immer wiederholen und setzt einen verhängnisvollen Kreislauf in Gang, der uns ermüdet, ohne uns auch nur einen Schritt weiterzubringen.

Dieser fatale Mechanismus verwandelt das Opfer in einen ewig Grübelnden, weil es das Ergrübelte niemals verarbeitet. Das erinnert mich an ein Bild aus meiner Kindheit, an die großen Schöpfräder, mit denen Wasser aus dem Tajo geholt wurde. Ein geduldiges Tier mit verbundenen Augen bewegte das Räderwerk im Kreis und legte dabei einen Weg ohne Ende und ohne Ziel zurück. In dem Laufrad der Sorge – von Zwangsvorstellungen wollen wir hier noch gar nicht sprechen – dreht sich der innere Dialog im Kreis und stagniert letztendlich. Psychische Krankheiten sind ein trauriges Beispiel dafür, wie unsere Computer-Intelligenz eingeschlossene Gedanken immer und immer wieder produziert. In Bezug auf schwere Depressionen bemerkt Hubertus Tellenbach, es sei nicht richtig, festzustellen, dass die Patienten depressiv sprechen; wesentlich klarer sei die Aussage: die Depression spreche aus den Patienten. Der Experte nimmt die Depression als pathologischen Prozess wahr.

Die Art und Weise, wie wir sprechen, ist weder einzigartig noch gleichförmig. In jedem Menschen sind Widersprüche und Erwartungen angelegt. Und auch hier gibt es einen Typ des Scheiterns, den es zu analysieren lohnt: Jeder Wunsch, jedes Gefühl, jede Haltung kann sich in eine Stimme verwandeln, und unter diesen Stimmen gibt sehr geschwätzige emotionale Module. Wünsche beispielsweise sind so ein Fall. „Wes das Herz voll ist, des geht der Mund über", sagt schon ein altes Sprichwort. Der Wunsch zu erobern oder der Wunsch, Schaden anzurichten, führen zu einem unerschöpflichen Redefluss. Es gibt geschwätzige Gefühle wie Freude und Glück und schweigsame Gefühle wie Trauer und Lebensüberdruss. Diese Stimmen neigen dazu, unabhängig zu agieren, und erlangen dabei eine Bedeutung, die weit über die eigentlichen Worte hinausgeht. Manchmal entwickeln sie ein solches Maß an Eigenleben, dass der Betroffene vergisst, dass es sich nur um Geschöpfe seines Geistes handelt. Das ist beispielsweise bei psychotisch Erkrankten der Fall, die unter Halluzinationen leiden. Gelegentlich besteht das Pathologische vor allem in der Übertreibung des Normalen. Halluzinierende interpretieren rein mentale Vorgänge als reale Ereignisse. Zum Beispiel hören sie Stimmen. Ich beziehe mich auf einen Fall, den der Psychiater und Schriftsteller Carlos Castilla del Pino in seiner *„Theorie der Halluzination"* geschildert hat. Ein Patient erzählt, was er hört:

„Es sind Stimmen von einem Kind und einer Frau, aber auch von älteren Personen. Sie sagen mir, dass ich ein guter Architekt bin, sie machen mir Mut. Gestern sagten sie mir: ‚Du bist der beste Architekt von La Coruña, du bist großartig, du musst dich aufraffen, und du erreichst es.‘ Aber sie machen mir auch Angst oder sagen mir zum Beispiel: ‚Du musst deine Familie zerstören.‘ Die Stimme, die mir das sagt, ist schrill, metallisch … es ist eine Stimme aus dem Off.“

5

Wir alle kennen eine innere Stimme, die ebenfalls eine mächtige Autonomie besitzt: die Stimme des Gewissens. Wer spricht aus ihr? Immanuel Kant sprach von dieser „erstaunlichen Fähigkeit“ des moralischen Bewusstseins, der er einen selbstbezüglichen Aspekt zuschrieb: „Sie ruft den Menschen als *Zeugen gegen oder für sich selbst* auf.“ Freud nannte sie Über-Ich und deutete sie als Zensor oder Richter oder als zwanghafte Gegenwart der väterlichen Stimme. Michail Batchin definierte aus marxistischer Sicht, dass „diese Stimme, unabhängig von unserem Willen und unserem Bewusstsein mit der Sichtweise, den Meinungen und den Werturteilen der Klasse, der wir angehören, übereinstimmt“ und hielt fest: „Die zweite Stimme ist immer die Stimme des typischsten idealen Vertreters unserer Klasse.“ Heidegger bezieht sich auf einen scheinbaren Gegensatz: das eine ist die gesellschaftliche Stimme, sie ist nicht authentisch, sondern den alltäglichen Vorkommnissen der Außenwelt entlehnt, und die andere Stimme ist die der Authentizität.

Mit diesen zwei inneren Stimmen sind wir gleichzeitig Richter und Angeklagter. Was aber, wenn der vom Richter angewandte Rechtskodex mangelhaft ist, wenn sich diese befehlende Stimme, entweder aus Gleichgültigkeit oder aus übertriebener Härte, irrt? Dann ist das Scheitern der Sprache gravierend und schmerzlich. Die Stimme des Gewissens, die uns beschämt, beschuldigt und bewacht, kann sich in ein autonomes Modul verwandeln und ist nicht mehr fähig, sich irgendeinem Argument oder gar handfesten Beweisen zu beugen. Mit einem Wort: sie erweist sich als zerstörerisch.

Ich habe einige Fälle des Scheiterns unserer inneren Stimme benannt. Die innere Sprache scheitert immer dann, wenn sie nicht in der Lage ist, unser Verhalten zu steuern, oder wenn sie sich den – durch Überzeugungen, Empfindungen oder gesellschaftlichem Druck entstandenen – starren und verkapselten Modulen ergibt, die letztendlich zahllose kleinere und größere Katastrophen heraufbeschwören. Das Eindringen von Automatismen schwächt die ausführende Intelligenz und führt zwangsläufig zu ihrem Scheitern.

In einem solchen Fall ist die Intelligenz dem Chaos und Durcheinander zusammenhangloser Stimmen auf Gedeih und Verderb ausgeliefert. Als die Weisen des Hinduismus das Yoga erfanden, nahmen sie für sich in Anspruch, eine Technik entwickelt zu haben, mit der diese hochmütigen Stimmen zum Schweigen gebracht werden konnten. Sie waren davon überzeugt, Dinge nur dann mit heiterer Gelassenheit betrachten zu können, wenn, wie der heilige Johannes vom Kreuz es ausdrückte, „in meinem Haus schon Ruhe herrscht".

6

Ich möchte noch einen ganz speziellen und besonders einflussreichen sprachlichen Mechanismus erwähnen. Normalerweise erleben wir etwas und kommentieren dabei innerlich, was wir erleben und was wir gerade tun. Diese Interpretation ist eng mit unserem Geisteszustand und unserer individuellen Haltung verknüpft, die beide sehr prägend sind. Ein empfindliches Individuum untertitelt alle Dinge mit einem beleidigten Kommentar, ein Dichter neigt zu poetischen Anmerkungen. Wir sind Kommentatoren unserer selbst, und mit diesen inneren Äußerungen muntern wir uns manchmal auf – gelegentlich aber zerstören wir uns auch damit.

Jede Richtung der Psychiatrie legt Wert auf den speziellen Lebenslauf, mit dem wir unsere Entwicklung beschreiben, denn der Therapeut kann darin bereits wesentliche Muster erkennen. So definieren einige Individuen für sich selbst jedes x-beliebige Ereignis als ein Scheitern oder eine Gefahr oder eine Schuld. Wie schon gesagt: Diese geschwätzige Computer-Intelligenz kann manchmal ziemlich schrecklich sein.

Einige dieser inneren Kommentare fließen mit Hilfe einer *unterschwelligen Unterhaltung* – einem Beiseite-Sprechen – in ein Gespräch ein, und dadurch wird der Dialog zu einer Auseinandersetzung zwischen vier Persönlichkeiten. Zwei sprechen miteinander, und zwei weitere monologisieren insgeheim. Hier wird klar, dass das eine Verständigung nicht nur erschwert, sondern unmöglich macht. Ein entsprechendes Beispiel entnehme ich bei Aaron Beck:

LAURA: Bleibst du heute Abend zu Hause? Ich glaube, ich habe Grippe.
FRED: Ich habe versprochen, Joe (einen Arbeitskollegen) zu besuchen.
LAURA: (Wenn er mir diesen kleinen Gefallen nicht tut, wie kann ich mit ihm rechnen, wenn ich ein ernsthafteres Problem habe?) Niemals willst du zu Hause bleiben; ich bitte dich selten darum, etwas zu tun.
FRED: (Wenn sie darauf besteht, mich wegen einer solchen Kleinigkeit zu Hause zu halten, was passiert erst, wenn etwas Wichtiges geschieht, z.B. wenn wir Kinder haben? Das ist absolut nicht vernünftig. Wenn ich mich jedem Wunsch von ihr unterwerfen muss, kann ich nicht mehr durchatmen.) Tut mir leid, aber ich muss wirklich hingehen.
LAURA: (Ich kann ihm nicht vertrauen. Ich muss mich aus dieser Beziehung befreien, solange ich es noch kann, und jemanden finden, dem ich vertraue.) Dann geh, wenn du willst. Ich werde jemanden finden, der bei mir bleibt.

Dieses Verbergen von Gedanken ist ein Scheitern der Sprache.

7

Das obige Beispiel führt uns eine Situation vor, die mich besonders interessiert: die Liebesbeziehung. Man könnte vermuten, dass in einer solchen Beziehung die Kommunikation einfacher sein müsste, aber in Wirklichkeit gibt es gerade hier oft äußerst schmerzliche Sprachlosigkeiten. In diesem Zusammenhang möchte ich vier Typen des Scheiterns der Sprache ansprechen: das Schweigen, die Unterwerfung unter einen automatischen Diskurs, das Missverständnis und die Kapitulation aufgrund von geschlechtspezifischen Mechanismen.

1. Das erste Scheitern der Sprache ist ihre Abwesenheit. Vorhin habe ich den heiligen Johannes vom Kreuz zitiert und in diesem Zusammenhang festgestellt, dass die innere Stille zu einer heiteren Gelassenheit führen kann, nun aber beziehe ich mich auf das gänzliche Fehlen der Sprache. Mit dem Schweigen ist es dasselbe wie mit der Einsamkeit: Man kann diese reale Situation – mit niemandem sprechen und nicht in Gesellschaft sein – als Vorteil empfinden oder als Mangel, wenn man sich beispielsweise nach Gesellschaft sehnt oder nach einem netten Wort – und dann ist da niemand.

Gerade die Sprachlosigkeit in Paarbeziehungen ist ein so weit verbreitetes Phänomen, dass es eine eigene linguistische Abhandlung verdient hätte, die ich übrigens gerne schreiben würde. Es gibt viele Paare, die sich nichts so sehr wünschen, als mehr miteinander zu sprechen, doch weil sie es nicht können, findet so gut wie gar kein Gespräch statt.

Dieser Widerstand, den die Computer-Intelligenz unseren Wünschen entgegensetzt, diese Blockierung von Gedanken und Eingebungen, ist ein wirklich dramatisches Scheitern der Sprache. Wenn die Fülle des Herzens den Mund öffnet, so verschließt ihn die Dürre des Herzens. Es gibt ein tragisches Gedicht von Jacques Prévert, das diese Situation komprimiert:

> Er hat den Kaffee
> In die Tasse geschüttet
> Er hat die Milch
> In den Kaffee geschüttet
> Er hat den Zucker
> In den Milchkaffee geschüttet
> Er hat umgerührt
> Mit dem Löffelchen
> Er hat den Milchkaffee getrunken
> Und er hat die Tasse
> Auf den Unterteller gestellt
> Ohne zu sprechen

Er hat
Eine Zigarette angezündet
Er hat Ringe gemacht
Mit dem Rauch
Er hat die Asche
In den Aschenbecher gestreift
Ohne zu sprechen
Ohne mich anzusehen
Er ist aufgestanden
Er hat den Hut aufgesetzt
Er hat seinen Regenmantel angezogen
Weil es regnet
Er ist durch den Regen gegangen
Ohne ein Wort
Ohne mich zu sehen
Und ich habe meinen Kopf
In meinen Händen versteckt
Und ich habe angefangen zu weinen.

Wünsche können, wie ich bereits gesagt habe, Ereignisse in Gang bringen. Schweigende Paare werden gewöhnlich dann gesprächig, wenn sie einen Wunsch verspüren, beispielsweise den, Schaden anzurichten. Wut und Groll sind ziemlich wortgewandt. Oder wenn einer von ihnen in Gesellschaft einen guten Eindruck machen möchte. Insofern kann sich jeder häusliche Langweiler in einen interessanten und witzigen Alleinunterhalter auf fremden Parties verwandeln.

Auch Empfindungen können die Sprache blockieren. Überdruss beispielsweise ist so ein Gefühl, aber auch Furcht. Johann Gottman von der Universität Washington, der sich dreißig Jahre lang der Ursachenforschung von gescheiterten Ehen gewidmet hat, konnte vier Stufen in der Verschlechterung der ehelichen Kommunikation aufzeigen: die Kritik, die Abwertung, die Verteidigungshaltung und das Ausweichen. Die beiden letztgenannten sind wortlos.

2. Die zweite Art des sprachlichen Scheiterns besteht darin, dem Automatismus eines Wortwechsels zu erliegen. Sehr häufig gerät eine

Unterhaltung in eine nicht vorhersehbare Schieflage, die zwar keiner wollte, die aber dann eine unnachgiebige Dynamik entwickelt und die Sprecher in Kämpfer verwandelt. Sie landen dann an einem Punkt, der nie geplant war und an den keiner gedacht hatte. Um nur ein ganz einfaches Beispiel aufzuzeigen: Einer der Ehepartner, egal, ob Mann oder Frau, kommt nach Hause:

> „Ich habe ein furchtbares Zusammentreffen mit meinem Chef gehabt. Er hat mir die Kompetenz abgesprochen und mich gedemütigt. Das kann ich nicht ertragen. Es verbittert mir das Leben, und ich werde dem ein Ende setzen, indem ich es ihm ins Gesicht sage und meinen Job verliere."

Diese Aussage verlangt nach einer Antwort, die vom aktuellen Geisteszustand der anderen Person abhängen wird oder von einer allgemeineren Haltung, die vorsichtig oder auch gelangweilt sein kann. Ich möchte zwei mögliche Antworten geben, von denen jede eine andere Dynamik auslöst.

Antwort A:

> „Du übertreibst mal wieder. Dein Chef leidet unter allerhand Druck und hat obendrein viele Probleme. Du musst ihn verstehen. Sicher ist es nicht so schlimm."
> „Ich sage dir: Er hat es auf mich abgesehen".
> „Du setzt dich immer ins Unrecht. Beruhige dich, du regst dich wegen jedem Mist furchtbar auf."
> „Nein, wenn zum Schluss wieder mal ich die Schuld habe. Vergiss es."

Antwort B:

> „Es gibt nichts Schlimmeres, als einen Chef zu haben, der das nicht kann. So ein Schwachkopf! Wenn er Probleme hat, soll er sich beherrschen. Und was hast du ihm gesagt?"
> „Dass er es mir direkt sagen soll, wenn er etwas gegen mich hat.

Dass er nicht mit Sticheleien und Anspielungen kommen soll."
„Wie unangenehm, jeden Tag einen solchen Typ aushalten zu
müssen! Warum weist du ihn nicht einfach ab?"
„Also, ich will nicht, dass er uns das Leben verbittert. Das ist er
nicht wert."

Schon der Anfang der Unterhaltung löst einen zuvor nicht bedachten
Prozess aus, der häufig in unerwünschte Konsequenzen mündet. In
Antwort A wollte er oder sie vielleicht nur den Partner beruhigen,
indem die Angelegenheit heruntergespielt wurde, auch wenn dies zugegebenermaßen auf eine sehr plumpe Art geschah.
    Der amerikanische Beziehungsforscher John Gottman, der ein weit-
hin bekanntes Buch mit dem Titel „*What Predicts Divorce*" geschrieben
hat, behauptet, dass er vorhersagen kann, ob ein Paar sich scheiden lässt
oder nicht. „Ich brauche es nur fünf Minuten lang zu beobachten und
ihm zuzuhören." Diese Aussage ist zwar geprägt von einer kindischen
Eitelkeit, aber sie zeigt dennoch die Bedeutung der Fakten, die ich hier
erwähne.

3. Die dritte Art des sprachlichen Scheiterns wird durch Missverständnisse hervorgerufen. Dabei handelt es sich um *hermeneutische Täuschungen*, weil das Phänomen der Kommunikation, die Übertragung
von Informationen, durch eine schlechte Metapher verdunkelt wird. Wir
sprechen beispielsweise vom „Inhalt" eines Briefes oder eines Satzes, was
den Eindruck erwecken könnte, dass wir beim Sprechen unserem Zuhörer ein Päckchen übergeben, so wie ein Läufer die Stafette an den
nächsten Läufer übergibt. Das ist falsch und gefährlich, denn Sprache ist
vor allem ein System von Schlussfolgerungen und Anreizen. Im Gespräch aber übergeben wir kein materielles, faktisches und scharf um-
rissenes Objekt an ein Subjekt, das es annehmen, das heißt verstehen
oder sich aneignen muss. Wenn wir sagen: „Du hast seine Argumentation nicht verdaut", dann hört sich das an, als wären Informationen
Nahrungsmittel, die man schlucken und sich einverleiben muss. Das ist
nicht richtig. Ebenso verwirrend ist die Metapher von den „Kommuni-
kationskanälen", als würden wir Informationen von einem Behälter in
einen anderen fließen lassen. Denn die Dinge verhalten sich in Wirk-

lichkeit anders. Was ich eigentlich beim Sprechen oder Schreiben tue, ist, darauf zu drängen, dass mein Zuhörer oder Leser auf halbem Weg zwischen Schlussfolgerung und Vorahnung einige gedankliche Operationen durchführt, um zu genau jener Deutung oder Bedeutung zu gelangen, die ich hervorrufen will. Der Sprecher legt – mehr oder weniger genau – eine Reihe von Spuren oder häuft Indizien an, damit der Zuhörer in der Lage ist, die ursprüngliche Absicht zu rekonstruieren.

Gute Schriftsteller erreichen dies mit Leichtigkeit, während unschlüssig formulierende Autoren die unterschiedlichsten Deutungsmöglichkeiten zulassen. Für Dichtung mag das passend sein, aber in der Philosophie und im wirklichen Leben entstehen so Fallstricke und Zweideutigkeiten, und das erscheint mir gefährlich. Die *hermeneutische Täuschung* beziehungsweise den hermeneutischen Irrtum beschreibt Aaron Beck sehr gut: „Obwohl die Partner denken, dass sie dieselbe Sprache sprechen, sind das, was sie *sagen*, und das, was sie *hören*, gewöhnlich sehr verschiedene Dinge." Die amerikanische Linguistin Deborah Tannen hat über Verständnislosigkeit im Zusammenleben geforscht und schreibt:

> Gewöhnlich denkt man, dass Partner, die zusammenleben und einander lieben, zu einem Verständnis der jeweiligen Kommunikationsstile gelangen. Dennoch hat die Untersuchung ergeben, dass die wiederholte Interaktion nicht notwendigerweise zu besserem Verstehen führt. Im Gegenteil, sie kann Fehlurteile über die Absichten der anderen Person verstärken und die Erwartungen erhöhen, dass diese sich verhält wie vorher.

Der Ursprung vieler Missverständnisse liegt vor allem darin, dass wir das, was wir hören, augenblicklich interpretieren. Es gibt also keine reine und einfache Übertragung von Bedeutungen. Immer bestimmt der Zusammenhang, die Absicht des Sprechers, der gewollte oder ungewollte Beiklang, gemachte Erfahrung und unsere eigene Vorstellung die Bedeutung eines Satzes. Ein Beispiel dafür ist die Aussage: *Jeden Tag wirst du deiner Mutter ähnlicher.*

Paul Watzlawick – und mit ihm die ganze Schule von Palo Alto – hat die Probleme der Kommunikation erforscht. Beispielhaft will ich an dieser Stelle den Dialog eines Paares wiedergeben, das seit einundzwanzig Jahren miteinander verheiratet ist. Der Mann, ein erfolgreicher Geschäftsmann, ist zweifellos durch die Weisungen der Management-Gurus beeinflusst. Seine Frau beklagt sich, weil sie nach all den Jahren immer noch nicht weiß, was ihr Mann von ihr denkt:

PSYCHOTHERAPEUT: Also Sie sagen, dass Sie von Ihrem Gatten nicht die Information erhalten, die Sie brauchen, um zu wissen, ob Sie sich gut oder schlecht verhalten?
EHEFRAU: Genau.
PSYCHOTHERAPEUT: Dann kritisieren Sie sie also, wenn sie es verdient, damit meine ich, in positiver oder negativer Form?
EHEMANN: Ich kritisiere sie selten.
EHEFRAU (gleichzeitig): Er kritisiert mich selten.
PSYCHOTHERAPEUT: Gut, woher wissen Sie …?
EHEFRAU (unterbricht ihn): Er lobt mich (kurzes Lachen). Sehen Sie, das ist am meisten verwirrend … Nehmen Sie an, ich koche etwas und es brennt mir an, dann sagt er, dass es „sehr köstlich" ist. Dann, wenn ich etwas mache, was wirklich delikat ist, dann sagt er mir, dass es „sehr, sehr delikat" ist. Ich habe ihm gesagt, dass ich nicht weiß, wann etwas delikat ist, dass ich nicht weiß, ob er mich kritisiert oder ob er mich lobt. Weil er glaubt, wenn er mich lobt, könnte er mich dazu bringen, dass ich mich selbst übertreffe … Er lobt mich immer, und das führt dazu, dass ich den Wert des Lobes nicht kenne.

4. Die vierte Art des Scheiterns der Sprache liegt in geschlechtsspezifischen Mechanismen begründet. Gerade im Hinblick auf die Unterhaltung gibt es kulturell bedingt unter Männern und Frauen verschiedene Erwartungen – was gewöhnlich zu folgenreichen Pannen zwischen den Partnern führt.

Die Autorinnen Lesley Brody und Judith Hall gehen davon aus, dass die größere Schnelligkeit, mit der kleine Mädchen ihre sprachlichen Fähigkeiten entwickeln, sie im Ausdruck ihrer Empfindungen schult und sie auf einen weitaus umfangreicheren Wortschatz zurückgreifen lässt. Nach diesen Forscherinnen „zeigen hingegen kleine Jungen, die nie gelernt haben, ihre Gefühle zu verbalisieren, normalerweise eine totale Unkenntnis im Hinblick auf Gefühlszustände, sowohl die eigenen als auch die von anderen."

Kleine Jungen werden zur Selbstgenügsamkeit erzogen und kleine Mädchen zur Pflege eines Beziehungsnetzes. Wie Deborah Tannen in *„Du kannst mich einfach nicht verstehen"* nachgewiesen hat, führt dieser Unterschied in der Perspektive zu ganz verschiedenen Erwartungen an eine Unterhaltung, da der Mann sich damit zufrieden gibt, über etwas zu sprechen, während die Frau nach einer stärkeren emotionalen Bindung sucht. Tatsächlich hat eine Studie, an der 264 Paare teilgenommen haben, bestätigt, dass Frauen die Hauptursache für eine gelungene und zufriedene Beziehung darin sehen, „dass in der Partnerschaft eine gute Kommunikation herrscht". Vom Standpunkt der Frau aus schließt Intimität unter anderem auch die Fähigkeit ein, sehr unterschiedliche Fragen anzuschneiden und insbesondere über die Beziehung als solche zu sprechen. Im Gegensatz dazu kann der größte Teil der Männer diese Forderung nicht so richtig nachvollziehen und antwortet gewöhnlich so etwas wie „Ich möchte mit meiner Frau etwas unternehmen, aber sie will nur reden". Kleine Jungen und kleine Mädchen sprechen über ganz verschiedene Dinge: Miteinander spielen, sich streiten und sich dabei prügeln ist für kleine Jungen amüsant. Kleine Mädchen setzen sich lieber zusammen und reden über das, was sie bewegt. Schließlich neigen Frauen dazu, ihre Probleme zu diskutieren. Für sie ist es eine Methode, mit Schwierigkeiten fertig zu werden oder sie aufzuarbeiten. Sie teilen gerne ihre Erfahrungen mit und neigen zu vertraulichen Mitteilungen. Männer dagegen weichen Gesprächen über intime Angelegenheiten lieber aus und hören Frauen, die Probleme mit ihnen besprechen wollen, so zu, als würde von ihnen ausdrücklich ein Lösungsvorschlag erwartet. Dabei suchen die Frauen vor allem nach einem solidarischen Zuhörer. Ein ähnliches Muster läuft ab, wenn es um das Fragen geht. Für Frauen scheinen Fragen ein Mittel zur Aufrechterhaltung des Gesprächs zu sein, Männer dagegen deuten sie als Bitte um Informationen.

Auch kulturelle Unterschiede führen zu sprachlichen Mechanismen, die kommunikationshemmend wirken können. Als Beispiel sei hier nur der politische Skandal in Japan aus dem Jahre 1992 genannt. Dem Premierminister Noboru Takeshita wurde damals vorgeworfen, sich an die

Mafia gewandt zu haben, um eine von der Opposition organisierte Dis-kriminierungskampagne zu stoppen. Soweit nichts Neues. Was aber für uns Europäer sehr viel schwerer zu verstehen ist, ist die Tatsache, dass die Verleumdungskampagne Takeshita hinstellte als „einen großen Füh-rer, dessen Ehre und Integrität ihresgleichen zu suchen habe". Im Abendland ist das ein Lob. Doch in Japan wird eine hymnische Aner-kennung als Sarkasmus oder Ironie gedeutet. Eine unangemessene Dar-bietung von Lobreden auf eine Person des öffentlichen Lebens lässt auf das schließen, was die Japaner *homegoroshi* nennen, „zu Tode loben". Im Fall von Takeshita tat die Opposition genau das.

Diese geschlechtsspezifischen oder kulturellen Unterschiede in den Mechanismen des Ausdrucks oder des Verstehen sind für sich genom-men noch kein Scheitern. Sie werden es erst dann, wenn sich das Sub-jekt nicht über sie stellen kann, wenn es in seinen abgekapselten kultu-rellen oder geschlechtsspezifischen Automatismus eingesperrt bleibt.

8

Da die Sprache ein Medium der Verständigung ist, führt ein Scheitern der Sprache zur Verständnislosigkeit – und damit in die Dummheit. Denn die Dynamik der Verständigung erstarrt in geschlossenen Syste-men des Wortgebrauchs und des Ausdrucks und insofern scheitert auch die Intelligenz, wenn:

1. die Computer-Intelligenz schlechte Gewohnheiten verinnerlicht (verzerrende Überzeugungen, nutzlose Antriebe, giftige Empfindun-gen);
2. die ausführende Intelligenz schlechte Kriterien oder schlechte Pro-jekte annimmt (auch die Bereitschaft, eine andere Person zu verste-hen, ist ein Projekt);
3. die ausführende Intelligenz unfähig ist, die Computer-Intelligenz zu steuern.

V. Das Scheitern des Willens

1

Ich habe lange darüber nachgedacht, ob ich dieses Kapitel nicht „Die Niederlagen der Freiheit" nennen soll. Später werden Sie wissen, warum. Der Mensch scheitert aus vielen Gründen. Einer davon ist, dass er falsche Überzeugungen annimmt und in seinem Denken verankert. Dadurch schottet er sich gegen Kritik, gegen Argumente und gegen Erfahrungen ab und wird unfähig, irgendetwas dazu zu lernen. Oder er entwickelt affektive Verhaltensweisen, die ihm das Hineinfinden in die Wirklichkeit dramatisch erschweren, indem sie alles, was geschieht, falsch deuten und bewerten, zerstörerische Wünsche wecken und die Zukunft unpassierbar machen, wie beispielsweise im Falle der Verzweiflung. Depressionen dagegen machen die Gegenwart unerträglich. Insgesamt ist das Feld der persönlichen Kommunikation und der emotionalen Beziehungen ein Bereich, in dem wir uns eine Niederlage nach der anderen einhandeln könnten.

Die Ursachen des Scheiterns werden von unseren Überzeugungen mit Umsicht zusammengestellt. Die Gründe dafür habe ich am Ende des vorigen Kapitels aufgelistet.

In diesem Abschnitt möchte ich das Scheitern des ausführenden Ich behandeln, also jene Desaster, die traditionell mit dem Willen in Verbindung stehen. Auch wenn die Vorstellung eines Willens aus der Psychologie vertrieben wurde, hier müssen wir sie in neuer Form wieder aufgreifen. Denn der „alte Wille" war eine *angeborene* Fähigkeit.

Der „neue Wille" dagegen kann über vier *erlernte* Fähigkeiten definiert werden: sich zu beherrschen, zu überlegen und zu entscheiden sowie Anstrengungen aufrechtzuerhalten. Wird eine von diesen Fertigkeiten gar nicht oder nur sehr schlecht erlernt, so treten Verhaltensstörungen auf. Ein Mensch, der unfähig ist, einen Impuls zu beherrschen, dann darüber nachzudenken, sich letztlich zu entscheiden und dann die Anstrengung der Ausführung auf sich zu nehmen, weist vier verschiedene pathologische Störungen auf. Dieses Thema habe ich in „*Das Geheimnis des verlorenen Willens*" erläutert, und auf dieses Buch beziehe ich mich im Folgenden.

Die besondere Komplexität dieses Themas allerdings veranlasst mich dazu, ihm gleich zwei Kapitel zu widmen. Erinnern Sie sich, dass ich bei der Erforschung der Intelligenz zwischen einer strukturellen und einer Anwendungsebene unterschieden habe? Intelligenz kann ihrem Wesen nach stark oder schwach sein. Die strukturelle Intelligenz kann zum Guten oder zum Schlechten angewendet werden, ebenso wie eine Reise vereitelt werden kann, weil entweder das Auto versagt oder weil man sich auf der Straße verfahren hat.

In diesem Kapitel widme ich mich dem strukturellen Scheitern des Willens und im nächsten dem Scheitern des Willens auf der Anwendungsebene.

2

Der Wille ist die intelligent gesteuerte Motivation. In unser Bewusstsein dringen vielfältige, mächtige und sich häufig widersprechende Wünsche, wie beispielsweise: Ich möchte Urlaub machen, ich möchte meinen Job aber nicht verlieren. Ich möchte das Buch fertig schreiben, und ich möchte ins Kino gehen. Ich möchte essen, und ich möchte schlank bleiben. Das „ausführende Ich" hat die Aufgabe, eine gewisse Ordnung in diese Ansammlung von disharmonischen Stimmen zu bringen. Insofern ist seine Funktion sehr elementar. Um das zu erklären, muss ich nicht extra einen Homunkulus einführen, der in unserem Kopf hockt und die Fernbedienungen übernimmt. Es gibt keinen platonischen Wagenlenker, der die sich in der Landschaft unseres Bewusstseins auskennt und die geistige Karre steuert. Ebenso wenig bedarf es einer Seele, die den Körper beherrscht. Das Konzept vom Willen – und hier meine ich den Sitz der Freiheit und nicht die mechanischen Verhaltensweisen – gehört mittlerweile in die überholte psychologische Mythologie. Alles ist viel einfacher. Der „neue Wille" ist wirksam, aber ergeben.

Alle Wünsche, die in unserem Bewusstsein auftauchen, werden aus der unterschwelligen, der Computer-Intelligenz gespeist – die übrigens eine nicht versiegende Quelle von immer neuen Einfällen ist.

Vor einigen Monaten schrieb ich ein Buch mit dem Titel „*Handbuch des perfekten Stiefmütterchenzüchters*" eine spezielle Abhandlung über Gartenbau, die ich meinem Verleger versprochen hatte. Und während ich an diesem Manuskript saß, kam mir die Idee, mich mit den vielfältigen Formen der *gescheiterten Intelligenz* zu befassen. Warum gerade in diesem Augenblick und warum mit einer solchen Intensität? Ich weiß es nicht. Ideen reifen. Gleich Delphinen werden sie unter Wasser geboren und ernähren sich dort – und plötzlich springen sie ins volle Sonnenlicht unseres Bewusstseins.

Dem ausführenden und ordnenden Ich fällt nichts ein. Es ist nur ein großer Zöllner, der Ideen passieren lässt oder auch nicht. Doch wenn es nicht wachsam ist oder schläft, können alle Einfälle der Computer-Intelligenz in die Tat umgesetzt werden. Das geschieht beispielsweise im Rausch oder bei plötzlichen Zwangshandlungen. In derartigen Situationen bricht die Vermittlung zwischen Wunsch und Tat zusammen. Wenn es aber auf seinem Posten ist, so registriert das ausführende Ich sehr kritisch die Einfälle des Computer-Ichs und beurteilt genau, was in unser Bewusstsein darf und was nicht. Damit der große Zöllner diese Aufgabe erfüllen kann, müssen über zwei Dinge Klarheit herrschen: Eines davon ist das Verfahren, wie der Verkehr kontrolliert wird, und das andere sind festgelegte Beurteilungskriterien.

Wenn ich Freudianer wäre – was ich aber nicht bin –, so würde ich vom Über-Ich statt vom Zöllner sprechen. Aber ich beziehe mich auf eine sehr einfache Strategie, die übrigens jeder Informatiker von seinem Computer kennt: Wenn sehr viele Programme zur Verfügung stehen, so braucht man ein übergeordnetes Verzeichnis, das entscheidet, welches der unterschiedlichen Systeme in Aktion treten soll. Im menschlichen Leben ist es nicht viel anders. Wenn zu viele Stimmen angehört werden wollen – in unserem Innenleben ebenso wie auf dem Feld der Politik –, so ist eine Instanz nötig, die in diesem Wirrwarr Ordnung schafft.

Die zwei Aspekte des ausführenden Ich sind leicht zu unterscheiden: Zum einen geht es um die Art der Kontrolle und zum anderen um die Art der Beurteilung. Der kontrollierende Zöllner ist also wach oder er schläft, er ist ehrlich oder bestechlich, er ist streng oder nachgiebig. Aber unabhängig davon hat er sich auch an die Beurteilungs- beziehungsweise Zulassungskriterien zu halten, an seine Vorschriften sozusagen. Egal, ob diese Anweisungen angemessen oder unangemessen, gut oder schlecht, intelligent oder dumm sind, das ausführende Ich hält sich daran und handelt – in der einen oder anderen Weise. Um noch einmal auf das Bild des Autos zurückzukommen: Alle Erfahrungen des Chauffeurs sind nutzlos, wenn der Wagen in die falsche Richtung fährt.

Um das Bild noch klarer zu machen, wähle ich als Beispiel eine faszinierende Tätigkeit: das künstlerische Schaffen. Plötzlich hat der Künstler eine Eingebung. Der französische Schriftsteller Paul Valéry erzählt, dass er vor dem Schreiben seines Gedichts *„Le Cimétière marin"* „eine Zeitlang von einer leeren, rhythmischen Figur besessen war, oder voll von leeren Silben". „Der liebe Gott – die Muse – gibt uns den ersten Vers umsonst." Louis Aragon schrieb seine Romane ausgehend von einem Satz, der ihm unvorhergesehen und unvorhersehbar einfiel. Er schildert das in *„Je n'ai jamais appris à écrire ou les Incipit"* (Ich habe nie gelernt zu schreiben, oder der Anfang).

Gabriel García Márquez fiel eines Tages folgender Satz ein: „Viele Jahre später sollte der Oberst Aureliano Buendía sich vor dem Erschießungskommando an jenen fernen Nachmittag erinnern, an dem sein Vater ihn mitnahm, um das Eis kennenzulernen." Jahre später erinnerte er sich: „Dann dachte ich: verdammt noch mal, wie soll es jetzt weitergehen?" Die Fortsetzung dieses Satzes ist der Roman *„Hundert Jahre Einsamkeit"*.

García Márquez misst dem ersten Satz große Bedeutung bei. „Er kann das Labor sein, um viele Stilelemente zu etablieren, die Struktur und sogar die Länge des Buches." Dostojewski erzählt, wie Raskolnikoff, der Held von *„Schuld und Sühne"* [neuere Übersetzung: *„Verbrechen und Strafe"*], in einer Kaschemme Tee trank und auf die Idee kam, den Mord zu begehen: „Eine seltsame Idee pickte in seinem Hirn, wie es das Küken mit der Eierschale tut." Dostojewski liegt mit seinem Vergleich genau richtig. Es ist immer überraschend zu sehen, wie das Köpfchen eines Kükens die Eierschale durchstößt – oder zu spüren, wie eine Idee im Bewusstsein aufscheint.

Angesichts all dieser Einfälle – die zu Tausenden auftreten – übt das ausführende Ich eine maßgebliche Routinearbeit aus. Es vergleicht die

Ideen mit seiner Wertetabelle und gibt sie frei oder blockiert sie. Diesen Vorgang nennen wir „Entscheidung". Häufig aber genügt eine Entscheidung allein nicht, um eine Angelegenheit zu erledigen. Denn an die Entscheidung knüpft sich der Plan für die Handlung: den Roman weiterschreiben oder den Mord begehen. In diesem Fall ist erneut die Computer-Intelligenz gefragt: Sie muss weiterhin Einfälle liefern, um das Ziel zu erreichen.

Einige Ideen werden gut sein und andere schlecht. Das ausführende Ich hat erneut die Aufgabe, die richtigen auszuwählen. Das ist seine schwierige Funktion. Wilhelm Dilthey schrieb: „Wenn wir in das Leben eines Dichters eindringen, sehen wir, dass es ein unaufhörliches inneres Formen und Ausprobieren gibt, von dem sehr wenig zur Ausführung kommt." Nach T. S. Eliot „ist wahrscheinlich der größere Teil der Arbeit eines Autors beim Verfassen seines Werkes die kritische Arbeit, die Arbeit des Konstruierens, des Auslassens, des Korrigierens und des Ausprobierens". Valéry war derselben Meinung: „Drei Viertel einer gut ausgeführten Arbeit bestehen im Zurückweisen." Auch Tschaikowsky schrieb der Phase der Bewertung die größte Bedeutung zu, wenn „das, was in einem enthusiastischen Augenblick geschrieben worden ist, kritisch geprüft, verbessert, erweitert oder zusammengefasst werden muss".

In der Wissenschaft geschieht Ähnliches. Gordon Gould, der Erfinder des Lasers, bestätigt, dass man zur kritischen Prüfung dessen, was man gedacht hat, und zur Fertigstellung des Wenigen, was funktioniert, fähig sein muss. Wir sollten in der Lage sein, 90% aller Ideen, die uns einfallen, zurückzuweisen, ohne dabei das Fortschreiten unserer geistigen Tätigkeit zu unterdrücken." Der große Mathematiker Henri Poincaré fasst das Thema in einer Sentenz zusammen: „Erfinden besteht genau genommen darin, unnütze Erfindungen nicht zu konstruieren, sondern nur die weiter zu entwickeln, die nützlich sein können – und das ist nicht mehr als eine verschwindende Minderheit. Erfinden heißt unterscheiden, heißt auswählen."

Dieser Vorgang findet im täglichen Leben ständig statt.

Die grundlegenden Prozesse des ausführenden Ichs sind immer gleich: ihm fällt nichts ein, es hat keinen Bewertungsmaßstab und es kann nur drei Aktionen ausführen:

1. Es lässt den Einfall passieren.
2. Es verwirft den Einfall ein für allemal.
3. Es gibt den Einfall an das Computer-Ich zurück, wo er verbessert, ersetzt, vervollständigt oder endgültig annulliert wird.

Im Falle einer kreativen Schöpfung wählt der Urheber seine Einfälle in Übereinstimmung mit seinen eigenen Kriterien, seinem ästhetischen Geschmack aus. Ist dieser schlecht, wird auch das Werk so sein. Der Künstler verlässt sich auch auf sein ästhetisches Empfinden, wenn er beispielsweise entscheiden muss, an welchem Punkt genau das Werk vollendet ist. Pablo Picasso war sich der Tragweite dieser Entscheidung sehr bewusst. Als er im Jahr 1912 mit Daniel Henry Kahnweiler vereinbarte, ihm seine gesamte Produktion zu festen Preisen zu verkaufen, stellte er nur eine einzige Bedingung, und zwar die, dass er – Picasso – zu beurteilen habe, ob ein Gemälde vollendet war oder noch nicht: *„Vous vous remettez à moi pour décider si un tableau est terminé."* („Sie wenden sich an mich, um zu entscheiden, ob ein Gemälde fertig ist.") Ein Künstler, dem es an einem kritischen Wertmaßstab zur Ausarbeitung und Durchführung seines Vorhabens mangelt, wird immer mittelmäßig bleiben. So waren beispielsweise die Historienmaler des 19. Jahrhunderts strukturell – um in der Terminologie dieses Buches zu bleiben – ebenso gute Maler wie Monet. Doch dessen Auswahlkriterien und dessen Vorhaben waren bei weitem interessanter: Monet wollte die Abenteuer des Lichts in seinen Bildern festhalten und nicht erstarrte historische Gestalten porträtieren. Diese Auswahlprozesse sind übertragbar auf das ganz gewöhnliche Leben und auf alle Ebenen. Wenn sich jemand in seinem Kriterium täuscht, also nicht in der Lage ist, Impulse zu blockieren, oder wenn die Computer-Intelligenz die vorgegebenen Maßstäbe nicht beachtet, scheitert das ausführende Ich, scheitert der Wille.

3

Ich möchte an dieser Stelle eine kleine Typologie vom Scheitern des Willens, vom Versagen seiner Kontrollfunktion erstellen. Und wie Sie sehen, haben wir damit so etwas wie die klassischen Zutaten zu einer

Tragödie: Da ist zum einen der Mangel an Wünschen, dann die Versklavung durch Sucht oder Angst, enthemmte Impulsivität, das ständige Verschieben auf morgen, die Unentschiedenheit, die Routine, die Unbeständigkeit und die Verblendung.

Der Mangel an Wünschen. Ich habe bereits erklärt, dass der Wille die intelligent gesteuerte Motivation ist. Wenn es aber keinen Antrieb gibt und kein Wunsch existiert, so fehlt dem Willen der Rohstoff, wie es beispielsweise bei tiefen Depressionen der Fall ist. Die Brüder Goncourt notieren in ihrem Tagebuch einen passenden Fall: „Ein alter Herr setzte sich im Café Riche an den Nachbartisch. Der Kellner, nachdem er ihm die Gerichte aufgezählt hatte, fragte ihn, was er wünsche. ‚Ich wünsche mir‘, sagte der alte Herr ‚ich hätte einen Wunsch.‘" Unlust, Niedergeschlagenheit und Erschöpfung sind Phänomene von ungeheurer Komplexität – angesiedelt zwischen Biologie und Psychologie, Normalität und Krankheit –, die ich hier nicht im Einzelnen analysieren kann. Es gibt organische Apathien und erworbene Teilnahmslosigkeiten. Ein Beispiel dafür, bis zu welchem Punkt sich beide Faktoren vermischen, entnehme ich einem Fachbuch über Psychopathologie, das die Ursachen, die das sexuelle Begehren blockieren, wie folgt auflistet: „Routinemäßige Beziehungen mit der Partnerin. Probleme allgemeiner Art in der Partnerschaft (Diskussionen, Unverständnis). Unverträglichkeit von oralen Verhütungsmitteln. Sexuelles Desinteresse nach schweren körperlichen Erkrankungen. Auswirkungen von Arzneimitteln oder chemischen Substanzen. Traumatische sexuelle Erlebnisse. Physische Erschöpfung. Stress. Auftreten einer sexuellen Störung beim anderen Partner." Wie man sieht, ist dies eine Mischung aller möglichen Faktoren, biologischer oder erworbener, persönlicher oder überpersönlicher.

Ein besonderer Nachteil des Wunsches ist seine Unbeständigkeit. Warum bezeichne ich Launenhaftigkeit oder kapriziöses Verhalten als ein Defizit, wo sie doch eine so gute Presse zu haben scheinen? Aus dem gleichen Grund, aus dem ich es als kognitiven Mangel bezeichnen würde, wenn jemand nicht in der Lage ist, seine Aufmerksamkeit auf etwas zu richten. Handeln und Wissen benötigen eine gewisse Stabilität des Wunsches oder der Konzentration. Allerdings kommt es auch hier auf das richtige Maß an, da sie sonst in Starrköpfigkeit oder Besessenheit ausarten. Théodule Ribot widmete ein Kapitel seines Buches über die Pathologie des Willens dem „Reich des Kapriziösen" und beschreibt damit einen Charaktertypus, in dem sich der Wille nicht herausbildet oder nur in einer schillernden, instabilen und wirkungslosen Form. Das ist ein struktureller Fehler.

Jeder Wunsch ist ein Aufruf zum Handeln. Wenn aber nur der Wille besteht und kein Impuls erfolgt, kann sich der Wunsch nicht erfüllen. Diese passive Einstellung den Wünschen gegenüber endet zwangsläufig in einer Enttäuschung. Viele Menschen fühlen sich frustriert, weil sich ihre Wünsche nicht realisiert haben. Da sie es aber nie weiter als bis zu einer Wunschvorstellung versucht haben, konnte sich der Wunsch auch nie in einem Vorhaben äußern. Als Beispiel sei nur jener Mann genannt, der sich bitter darüber beklagte, kein berühmter Chirurg geworden zu sein, der aber nicht einmal ein Medizinstudium ergriffen hatte. Jean-Jacques Rousseau gestand einmal, dass er „faul beim Arbeiten, aber enthusiastisch beim Wünschen" sei.

In den psychiatrischen Lehrbüchern aus dem Beginn des vergangenen Jahrhunderts ist häufig von *Willensschwäche* die Rede sowie von der Unfähigkeit zu handeln. Die in Fallbeispielen geschilderten Patienten empfanden Wünsche, konnten sie aber nicht in die Tat umsetzen. Dieser Befund verdeutlicht einmal mehr jene krankhafte Übertreibung von Reaktionen, die eigentlich normal sind.

4

Die Versklavung des Willens. Sie tritt auf, wenn die Auswahlmöglichkeiten eines Individuums durch physiologische oder psychologische Faktoren drastisch eingeschränkt sind, beispielsweise aufgrund von Sucht und Abhängigkeit oder durch Emotionen wie Angst und Furcht. Den Faktor Sucht habe ich bereits erwähnt, als ich von emotionalen Bindungen oder Trieben gesprochen habe. Einige von ihnen üben einen sehr starken Einfluss aus und täuschen vor, man könne ohne sie nicht überleben.

Der Fachausdruck des Wortes Sucht, *adicción*, geht auf eine englische Bezeichnung zurück, die wiederum aus dem Altfranzösischen entlehnt ist und aus dem Zusammenhang des Rechtswesens kommt. *Adicción* bedeutet, als Ausgleichszahlung für eine Schuld die Macht über den Körper eines anderen zu haben.

Im Falle von Sucht ist es die Droge, die sich des Körpers bemächtigt – und dieser gehorcht ihr. So entsteht ein zwanghaftes und nicht unterdrückbares Verhaltensphänomen, das den Süchtigen so sehr in seinen Bann zieht, dass dieser behauptet: „Ich kann damit nicht aufhören." Der Betroffene fühlt sich nicht frei, sein Suchtverhalten, vor dem er manchmal selbst erschrickt, zu unterbinden. Auch dies ist ein Fall des krankhaften „freien Willens", der, nach Henri Ey, als medizinische Besonderheit ein Objekt für die Psychiatrie ist.

Wenn unsere Überzeugungen im Hinblick auf die Fähigkeit, frei zu sein, zu einem realen Bestandteil unserer tatsächlichen Fähigkeit zur Freiheit gehören, so fürchte ich, dass das Ausmaß der Süchte ins Unendliche wachsen wird, denn der Gedanke, dass unsere Überzeugungen durch vielerlei Einflüsse determiniert sind – genetische, soziale, wirtschaftliche und psychologische –, breitet sich immer mehr aus.

Tatsächlich werden täglich neue Formen von Sucht definiert. Kenneth Gergen schreibt:

„Kürzlich wurde ich zur Teilnahme an einem Kongress über Süchte eingeladen, den Experten für geistige Gesundheit in Kalifornien abhielten. Im Programm konnte man folgendes lesen: ‚Man muss festhalten, dass Suchtverhalten das Gesellschafts- und Gesundheitsproblem Nummer eins ist, dem sich heutzutage unser Land gegenübersieht. Einige der bedeutendsten klinischen Forscher geben einen Überblick über Forschung, Theorie und klinische Behandlungen verschiedener Arten von Suchtverhalten, inklusive der folgenden: Fitness-Studio, Religion, Essen, Arbeit und Sexualleben.'"

5

Impulsivität ist die Unfähigkeit, Impulse zu kontrollieren. Während es bei der Willensschwäche an der Fähigkeit mangelt, einen Plan in die Tat umzusetzen, fehlt es bei der Impulsivität an der Fähigkeit, die Tat zu verhindern. Auch in diesem Fall ist es schwierig, normales von pathologischem Verhalten zu unterscheiden, denn wie so oft geht es auch hier vor allem um die Frage des Ausmaßes. Diese Unterscheidung ist aber insofern von großer persönlicher und sozialer Bedeutung, als viele Autoren davon ausgehen, dass Impulsivität die Wahrscheinlichkeit von strafbaren, asozialen und kriminellen Verhaltensweisen erhöht. Normalerweise bezeichnen wir eine Handlung, die ohne jedes nachvollziehbare Motiv ausgeführt wird, als unerklärlich und sehen darin ein Symptom von Verrücktheit. Wer den Tatsachenroman „*Kaltblütig*" von Truman Capote kennt, erinnert sich an das Unbehagen, das den Leser bei diesem grausamen, unnötigen und unerklärlichen Geschehen beschleicht. Der Roman erzählt die Geschichte von zwei jungen Männern, Perry Smith und Dick Hickock, die einen Farmer und dessen Familie brutal ermorden. Was die Aufmerksamkeit der Leser und der Presse erregte, war die Tatsache, dass die Morde, insbesondere der erste, der an dem Farmer, völlig ohne Motiv erschienen. Als Perry Smith versucht, das Geschehene zu erklären, gesteht er: „Ich wollte diesem Menschen nichts Böses tun. Ich dachte, dass er ein guter Mensch ist. Das dachte ich bis zu dem Augenblick, als ich ihm die Kehle durchschnitt." Die Psychiater der Klinik Menninger, die den jungen Smith daraufhin untersuchen, können kein Motiv für das Verbrechen finden, obwohl sie eine Neigung zur Gewalt feststellen. Sie beschränken sich auf die Feststellung, dass in irgendeiner Weise die Situation die Tat verursacht habe.

Mir erscheint es sinnvoll, zwischen den drei verschiedenen Phänomenen Impulsivität, Zwangshandlung und Automatismus zu unterscheiden.

Impulsivem Verhalten liegt eine Motivation zugrunde, eine steuernde Idee und ein klares Bewusstsein, doch die Besonnenheit fehlt. Es findet kein innerer Kampf statt; der Mensch schreitet direkt zur Tat. Seine Handlung ist unfreiwillig, gewalttätig, unmittelbar, gebieterisch, explosiv und nicht zu beherrschen. Sie kann sich gegen Personen und Sachen richten. Impulsivität ist ein Zug des Temperaments, also jener Anlagen, mit denen ein Kind geboren wird und die gefördert oder abgeschwächt werden können. Impulsives Verhalten ist an mindestens drei der folgenden Symptome zu erkennen: das Kind handelt oft, ohne vorher zu denken, es wechselt außergewöhnlich häufig von einer Tätigkeit zu einer anderen, hat Schwierigkeiten damit, systematisch zu arbeiten und braucht ständige Beaufsichtigung; in der Schule redet es häufig im Unterricht dazwischen; beim Spielen oder im Zusammensein mit einer Gruppe fällt es ihm schwer, so lange zu warten, bis es an der Reihe ist. Hier hat dann das Computer-Ich die Initiative übernommen und nützt es aus, dass der große Zöllner nicht auf seinem Posten ist.

Zwangshandlungen unterscheiden sich insofern von der Impulsivität, als es überlegte Handlungen sind, die mit inneren Kämpfen einhergehen. Rauchen beispielsweise ist so eine Zwangshandlung. In anderen Fällen fühlen sich die Betroffenen gezwungen, etwas zu tun, was sie für absurd halten, zum Beispiel jede Nacht viermal zu kontrollieren, ob sie die Tür auch wirklich abgeschlossen haben. Sie bemühen sich darum, diesem Verhalten, das ihnen abwegig erscheint, zu widerstehen, doch nach wiederholtem Scheitern unterwerfen sie sich letztendlich dem Kontrollzwang und vollziehen lieber das sinnlose Ritual, als dauernd unter quälender Unruhe zu leiden.

Unerwünschte Gedanken, die sich breit machen, das ständige Wiederholen von Worten oder Ideen, zwanghafte Überlegungen oder Gedankenketten werden vom Opfer als unangemessen oder sinnentleert wahrgenommen. Selbst die Idee, von der man besessen ist, wird als fremd empfunden, zugleich aber auch als etwas, das aus einem selbst stammt. Wie ich schon mehrfach erklärt habe, funktioniert die Computer-Intelligenz unabhängig vom bewussten Ich. Und deshalb können alle Anstrengungen, unwillkommene Gedanken zu verscheuchen, zu einem schrecklichen und qualvollen inneren Kampf führen.

Beispiele dafür sind: der Vater, der den Impuls verspürt, sein Kind zu töten, oder eine tiefreligiöse Person, die blasphemische Gedanken hegt. In seinem Buch über Obsession und Skrupel schildert Eymieux den Fall einer Frau, die regelmäßig sechzig Liter Kölnisch Wasser verbrauchte, um in ihrem Haus die Decken abzuwischen. Sie verbrachte ihr Leben auf einer Leiter. Und stellte mit tragischer Naivität fest: „Ich hatte einen bezaubernden Mann, phantastische Kinder, eine perfekte Gesundheit und ein beneidenswertes Glück. Aber da war immer der Staub."

Zwangshandlungen sind vergleichbar mit fremdartigen Geschwüren innerhalb von normalen Persönlichkeiten. Es sind Prozesse, in denen

die Computer-Intelligenz auf geistige Mechanismen trifft, die sich unserem Bewusstsein entziehen. Sehr oft existieren sie abgespalten innerhalb einer Persönlichkeit, vergleichbar mit Manien, mit denen man
zwar zu kämpfen hat, die aber das Verhalten nicht ernsthaft beeinflussen, obwohl auch sie gelegentlich geistige Metastasen bilden, um sich
schließlich der gesamtem Verhaltensebene zu bemächtigen. Bei den
Automatismen wiederum existiert kein bewusster Gedanke, sie geschehen unfreiwillig, unbewusst und ohne kritische Unterscheidung. Ein
Beispiel dafür sind die so genannten Ticks oder Marotten.

All diesen Fällen – Impulsivität, Zwangshandlung, Automatismus –
ist eins gemeinsam: Von der Computer-Intelligenz gesteuerte Impulse
übernehmen die Kontrolle. Das erinnert mich an meine Jugendzeit, in
der ich die Bücher von Pierre Janet, den ich bereits erwähnte, ver-
schlungen habe. Der Philosoph, Arzt und Psychotherapeut vertrat die
Ansicht, dass sich dann und wann ein Gedankensystem von der zentra-
len Persönlichkeit trennen und eine unabhängige Persönlichkeit be-
gründen kann, und zwar eine unbewusste Persönlichkeit, deren Natu-
rell sich nur in der Hypnose offenbart. Janets Ideen sind kürzlich von
Psychologen aufgegriffen worden, die multiple Persönlichkeiten erforschen. Sie beschäftigen sich mit Patienten, die zwei oder mehr Compu-
ter- und ausführende Intelligenzen zu haben scheinen, von denen jede
nach Lust und Laune agiert, was den Betroffenen ziemliche Probleme
verursacht. Nach Expertenmeinung wächst die Zahl dieser Krankheits-
fälle anscheinend ständig weiter an.

6

Die *Procastination,* das „Aufschiebeverhalten". Trotz seiner Hässlichkeit
sollten wir dieses aus unserem Vokabular verschwundene Wort lateini-
schen Ursprungs wieder in unseren Wortschatz aufnehmen, weil es ein
Phänomen bezeichnet, das auch bei uns häufig anzutreffen ist. Es bedeutet soviel wie: etwas auf morgen verschieben, etwas nicht gleich erledigen, etwas auf die lange Bank schieben. Um die Puristen zu beruhigen, versichere ich schleunigst, dass es eigentlich „Procrastination" hei-
ßen müsste, aber die Aufeinanderfolge von mehreren Rs klingt im

Spanischen scheußlich [auch im Deutschen hat sich dieses Wort ohne ein zweites R durchgesetzt].

Procastination ist weder simples Vertagen, noch ist es die entschiedene Weigerung, etwas zu tun. Zweifellos aber ist es eine zielgerichtete Untätigkeit, die von raffinierten Verzögerungstaktiken und Übersprungshandlungen begleitet wird. Der „Procastinator" fasst nämlich den festen Entschluss, etwas morgen zu tun. Nur wird dieser Vorsatz mit der gleichen Beharrlichkeit am nächsten Tag erneut um einen Tag verschoben. Der so genannte Aufschieber hat also den sehr starken Willen, in Zukunft zu handeln, da es ihm in der Gegenwart an Willenskraft mangelt. Es ist, als würde er sich ständig einen Scheck mit erneuerbarem Datum ausstellen, wobei ihm eine nachgiebige innere Stimme verspricht, dass er nach dieser Nacht des Aufschubs wie verwandelt aufwachen wird, angefüllt mit wundervollen Energien, die ihm alles ganz leicht von der Hand gehen lassen. Und wer von uns würde leugnen, dass es ungleich besser ist, eine Aufgabe dann zu erledigen, wenn man sich voller Kraft und Tatenlust fühlt? Der Procastinator ist ein Aufschieber mit Vernunft. Für sich selbst hat er überzeugende Argumente und tausend triftige Gründe, um seine Aktion zu verschieben.

An dieser Stelle möchte ich Sie einem Schnelltest unterziehen; so können Sie herausfinden, ob auch Sie ein Procastinator sind:

1. Zahlen Sie häufig Gebühren für abgelaufene Schecks, verspätete Zahlungen oder Beiträge, deren Zahlungsfrist verstrichen ist?
2. Bleiben Sie immer wieder mal mit Ihrem Wagen auf der Landstraße liegen, weil Sie mit dem Tanken bis zur nächsten Tankstelle warten wollen oder sich selber einreden, dass diese besser beleuchtet ist?
3. Sie wissen, dass Sie Ihren Schreibtisch aufräumen sollten, sagen sich aber, dass ein so elementares Unternehmen besser an einem Montag angegangen werden sollte oder während des Urlaubs, damit es mit der Hingabe ausgeführt werden kann, die es verdient?
4. Wenn Sie sich endlich zum Aufräumen Ihres Schreibtisches entschließen – begnügen Sie sich dann damit, die Stapel neu zu arrangieren?
5. Häuft sich bei Ihnen die Korrespondenz, und treffen Sie gelegentlich aus Scham Entscheidungen, die das Antworten noch mehr erschwe-

ren? Was beispielsweise mit einer kurzen Nachricht gleich zu erledigen gewesen wäre, bedarf nun eines langen Briefes, den Sie dann aber auf den Geburtstag des Empfängers verschieben, weil Sie zu diesem Anlass gleich ein Geschenk mitschicken können. Doch auch der Geburtstagsbrief wird nicht geschrieben, da Sie mittlerweile beschlossen haben, ihn durch einen Besuch zu ersetzen, bei dem Sie das Geschenk persönlich überreichen wollen. Und dann erscheint es Ihnen mit einem Mal logisch, damit doch besser bis zur Rückkehr von einer Reise zu warten, denn so könnten Sie behaupten, das Geschenk im Ausland gekauft zu haben. Und so weiter und so fort.

6. Kommt es bei Ihnen häufiger vor, dass Sie im Alltag Ärger haben, weil Sie einen Schaden nicht repariert haben, den Fernseher nicht ausgetauscht oder keinen größeren Schraubenzieher gekauft haben?

7. Neigen Sie dazu, eine Aktion zu verschieben, weil Ihnen dazu eine Winzigkeit fehlt, von der Sie sich einbilden, sie sei unentbehrlich? So haben Sie beispielsweise zum Schreiben nur einen Kuli mit Feinstrichmine zur Hand, möchten aber einen mit dicker Spitze. Und Sie sind davon überzeugt, dass Ihnen mit dem mit der Feinstrichmine nichts einfällt. Also beschließen Sie, einen Brief erst dann zu beantworten, wenn Sie den richtigen Kuli haben.

8. Bereiten Sie das Drumherum einer Aktion so penibel vor, dass Sie für die Durchführung der eigentlichen Arbeit keine Zeit mehr haben?

9. Sind Sie der Meinung, dass man Dinge nur dann tun sollte, wenn man sie perfekt tun kann?

In Ihrem amüsanten Buch „*The Procrastinator's Handbook*" verkündet Rita Emmett ein unwiderlegbares Gesetz: „*Die Angst davor, eine Aufgabe zu erledigen, verschlingt mehr Zeit und Energie als die Erledigung der Aufgabe selbst.*" Man muss dabei bedenken, dass der echte Procastinator eine Tätigkeit ja nicht verschiebt, weil sie schmerzlich oder äußerst lästig ist. Normalerweise ist sie nur ein bisschen lästiger als das, was er im Augenblick tut. Das Seltsame daran ist, dass sich jemand richtig gut fühlt, sobald er sich von dieser Art „Sucht nach dem nächsten Tag" befreit hat. Wenn man sich dazu entschließt, die erste halbe Stunde seiner Arbeitszeit zur Beantwortung aller Briefe zu benützen, erlangt man eine beneidenswerte innere Ruhe für den Rest des Tages.

Doch es gibt noch einen weiteren Grund, der es nahe legt, etwas zu verschieben. Und das hat mit der Wahrnehmung der Zeit zu tun. Die Aufschieber denken normalerweise, eine Angelegenheit jetzt zu erledigen, würde mehr Zeit in Anspruch nehmen, als es tatsächlich der Fall ist. Und es würde zu viel Mühe kosten, anzufangen, ohne die Sache in einem Rutsch erledigen zu können – und wenig Zeit ist für sie gar keine Zeit. Sie handeln mit der Zeit *en gros* und nicht *en détail*, wie es ja unserem tatsächlichen Leben entspricht. Ich erinnere mich, dass Gregorio Marañón sich gerne als „Lumpensammler der Zeit" betrachtete. Und tatsächlich gibt es kleinere Fetzen an Zeit, Freiräume zwischen der einen Beschäftigung und der anderen, vergleichbar mit den Lücken in einem Getränkekasten. Und die vergeudet der Procastinator.

7

Die *Unentschiedenheit.* Eine Entscheidung ist ein Schnitt, eine Trennung, ein Bruch und bedeutet, dass wir nach dem Überlegen entweder die eine oder die andere Sache auswählen. Diese Aktion stellt viele Menschen vor ein fast unüberwindbares Hindernis und wir bezeichnen sie dann als unentschlossen oder unentschieden. In einigen Fällen allerdings wächst sich die Unentschiedenheit zu einem krankhaften Phänomen aus. Und hier beziehe ich mich erneut auf den Neurobiologen Antonio Damasio, der herausgefunden hat, dass Patienten, denen aufgrund eines Unfalls oder nach einem chirurgischen Eingriff die neuronalen Brücken durchtrennt worden waren, die den Stirnlappen mit dem limbischen System – dem Sitz der Emotionen – verbinden, zwar alle ihre geistigen Fähigkeiten behielten – auch die der vernünftigen Überlegung –, sie waren aber nicht mehr in der Lage, Entscheidungen zu treffen. Vor irgendein Problem gestellt, überlegten sie unaufhörlich in einer Endlosschleife, bis ein äußeres Ereignis diesen Vorgang stoppte.

Die Unentschiedenheit entspringt gewöhnlich dem Gefühl der Verzagtheit, man fürchtet sich vor einem Irrtum oder vor etwas Neuem. Entmutigt zieht man das bekannte Übel dem vielleicht Guten vor, das man aber erst noch kennen lernen muss, doch wenn man zu einer Entscheidung gezwungen wird, ist man zur Hölle verurteilt. Kierkegaard erklärte, die Angst sei das Bewusstsein der Möglichkeiten, und Erich Fromm sagte etwas Ähnliches, als er von der Furcht vor der Freiheit sprach. Die Unfähigkeit, Entscheidungen zu treffen, zählt auch zum Scheitern der Intelligenz.

8

Die *Routine*. Gewohnheiten sind erworbene Mechanismen, die bestimmte Verhaltensweisen automatisieren, so dass wir sie mit größter Leichtigkeit, Perfektion und ohne besondere Aufmerksamkeit ausführen können. Routine ist für effiziente Handlungsweisen unverzichtbar. Ein Geiger könnte nicht spielen, wenn er nicht den Fingersatz perfekt beherrschen würde. Es ist schwer, in einer Sprache zu schreiben, die man noch nicht beherrscht und verinnerlicht hat. Gewohnheiten gewähren uns Freiheit, manchmal allerdings machen sie uns auch zu ihren Sklaven. Daher müssen sie einer besonderen Kontrollinstanz unterworfen werden. Der Versuch, ein Problem routinemäßig in den Griff zu bekommen, gelingt nur bei sehr elementaren Schwierigkeiten. Ohne Kontrolle feuert der Gewohnheitsmechanismus automatisch los und wird versuchen, den anstehenden Konflikt seiner Aktion zu unterwerfen – anstatt sich dem Konflikt anzupassen. Untersuchungen zum Scheitern von Unternehmensleitungen oder Politikern haben ergeben, dass das von ihnen vertretene Dogma, alles, was in einem Fall funktioniert hat, müsse immer funktionieren, einen erheblichen Anteil an ihrem erlittenen Schiffbruch hatte. Womit wir wieder bei der Starrheit sind, die wir im Verlauf dieses ganzen Buches bereits als eine der häufigsten Ursachen für persönliche Niederlagen kennen gelernt haben.

9

Die *Unbeständigkeit und die Verblendung*. Manche Entscheidungen betreffen nur einen einzigen Punkt: Ich kreuze auf dem Lottoschein entweder die eine oder andere Zahl an, ich fliege im Urlaub in die Karibik oder nach Madagaskar. Derartige Entscheidungen erledigen sich von selbst. Andere dagegen betreffen langfristige Vorhaben, deren Verwirklichung mit Hindernissen verbunden ist, die erneut Entscheidungen nach sich ziehen und zudem eine gewisse Beharrlichkeit erfordern. Solche Anstrengungen vorzeitig zu beenden ist Beleg für ein Scheitern der Intelligenz. Wir bezeichnen es als Unbeständigkeit. Aber was ist die Ursache? Psychologen sprechen von der Schwierigkeit, eine Anstrengung zu ertragen oder eine Belohnung hinauszuschieben. Schon bei Babys sind Unterschiede in der Fähigkeit zur Aufmerksamkeit und im Beharrungsvermögen zu erkennen. Es handelt sich also bei der Unbeständigkeit um ein Temperamentsmerkmal, das im Laufe der Entwicklung mit Hilfe von Gewohnheiten, notfalls auch durch systematische Entscheidungen, verstärkt oder abgeschwächt wird. Walter Michel hat einen Test über das Hinausschieben von Belohnungen ausgearbeitet und diesen mit vierjährigen Kindern durchgeführt. Die Kinder konnten ein Bonbon sofort essen oder so lange damit warten, bis die Kindergärtnerin zurückkam und ihnen eine zusätzliche Belohnung gab. In den Folgestudien, die bei den gleichen Teilnehmern im Alter von dreißig Jahren gemacht wurden, zeigte sich eine positive Wechselbeziehung zwischen der Zeit, die die Kinder jeweils auf die größere Belohnung hatten warten können, und der Bildung beziehungsweise der gesellschaftlichen Stellung, die sie in ihrem Leben erreicht hatten.

Auch die Fähigkeit, Anstrengungen auf sich zu nehmen und auszuhalten, hat Einfluss auf die Unbeständigkeit. Und das ist ein wirklich seltsames Phänomen – angesiedelt zwischen individueller und sozialer Psychologie. Menschen ertragen Unbequemlichkeiten oder Anstrengungen in sehr unterschiedlicher Weise, und dasselbe gilt für Gesellschaften. Gesellschaften bestimmen unablässig durch subtile und komplexe Prozesse, die ich nicht durchschaue, das *Niveau der erträglichen Belastung*. Neueste psychologische und medizinische Erkenntnisse zum Erlernen der Ausdauer (*toughness*) bestätigen zudem, dass die Fähigkeit, Anstrengungen zu ertragen, ein komplexer physiologischer und psychologischer Prozess ist, an dem die Systeme von Muskeln, Drüsen und Nerven mitwirken.

Die Unbeständigkeit ist einerseits ein Scheitern, gleichzeitig aber auch ihr Gegenteil, wenn man an Verblendung und Halsstarrigkeit denkt. Niemand verfolgt seine Ziele derart konsequent wie ein Verrückter oder ein Fanatiker, was wiederum erkennbar macht, dass die Willenskraft als solche weder gut noch schlecht ist. Wirklich intelligent ist eine Person, die weiß, an welchem Punkt man weitermachen oder aufhören muss.

In seinen Studien über die Defizite des Willens erwähnt der Professor für Differentielle Psychologie und Persönlichkeitsforschung Julius Kuhl die Schwierigkeit, ein geplantes Vorhaben zu ändern, und die amerikanische Historikerin Barbara Tuchman ist davon überzeugt, dass eine der häufigsten Ursachen für politisches Scheitern mit dem beharrlichen Festhalten an einem Irrtum erklärt werden kann. Ist eine Entscheidung erst einmal getroffen, so ist es gerade für Politiker sehr schwierig, einen Irrtum zu erkennen und ihre Meinung zu ändern – das wiederum zwingt sie dann dazu, mit noch größerer Energie ihre Vorhaben voranzutreiben. Als Beispiel für diesen verheerenden Prozess führt Barbara Tuchman den Vietnam-Krieg an. Wer schon ein Opfer gebracht hat (Geld, Zeit oder Anstrengung), um etwas zu erreichen, wird es weiterhin tun müssen, auch wenn er mutmaßlich mehr Verluste als Gewinne einfährt. Dieses Verhalten entspricht dem, was ich zu Beginn des Buches den *Irrtum des Investors* nannte. Der Schriftsteller Stuart Sutherland erzählt einen dramatischen Fall:

> Generäle sind berüchtigt dafür, auf der Anwendung von Strategien zu beharren, deren Nutzlosigkeit sich klar erwiesen hat. Im Ersten Weltkrieg war es offensichtlich, selbst wenn man von der Schlacht von Verdun absieht, in der 800 000 Menschen ihr Leben verloren, dass im Stellungskrieg direkte Angriffe nicht nur zum Scheitern verurteilt waren, sondern auch den Angreifern mehr Verluste einbrachten als den Verteidigern. Trotzdem ließ General Haig in der Schlacht an der Somme, nachdem er in den ersten Stunden bereits 57 000 Mann verloren hatte, weiterhin die deutschen Stellungen angreifen, die sehr gut verteidigt waren, was ihm neuerliche entsetzliche Verluste an Truppen eintrug.
> Natürlich war es in diesem Fall nicht Haig, der zu leiden hatte, sondern seine Leute (*Irracionalidad: el enemigo interior* [Irrationalität, der innere Feind], Alianza, Madrid, 1996, S. 121).

Wie schwer es Politikern fällt, ein Projekt zu stoppen, in das schon große Mengen von Geld investiert worden sind, beweist die Rede des

Senators Denton, anlässlich seiner Forderung an den Senat der Vereinigten Staaten, ein offenkundig undurchführbares Flussprojekt weiter zu betreiben: „Ein Projekt nicht fertig zu stellen, in das bereits 1100 Millionen Dollar investiert worden sind, stellt eine maßlose Verschwendung des Geldes von Anlegern dar." Der Politiker ignorierte dabei völlig, dass die Fortführung seines Vorhabens eine noch maßlosere Verschwendung bedeutete. Halsstarrigkeit kann also auch eine große Gefahr darstellen. Deshalb erweist es sich als unlogisch, lobend von der „Willenskraft" zu sprechen. Ich rede lieber von einem guten Gebrauch oder vom Scheitern des Willens, vom intelligenten oder dummen Einsatz des Willens.

10

Ein Scheitern des Willens hängt also mit einer unangemessenen Machtübernahme kognitiver oder affektiver Module zusammen. Routinemäßige Verhaltensweisen bemächtigen sich eines ausführenden Ichs, das einerseits weder genügend Energie besitzt, um sich dem zu widersetzen noch über die erforderliche Flexibilität verfügt, weil es manchmal zu lasch und manchmal zu starrsinnig ist.

Und genau das meine ich, wenn ich festhalte, dass die Beschaffenheit des Willens ganz eng an die Qualität der Intelligenz gebunden ist. Jemand, der unfähig ist, seine Einfälle zu kontrollieren und in die richtigen Bahnen zu lenken, kann nicht sehr intelligent sein, ebenso wenig wie eine Person, die sich auf eine fixe Idee oder auf ein absurdes Ziel versteift. Dennoch können wir kein allgemeingültiges Modell festlegen, es gibt nämlich keinen genormten Willen in Einheitsgröße. Intelligent ist der, der auf die Besonderheiten eines Falles achtet und geeignete Kriterien anwendet, um ein bestimmtes Problem zu lösen. Auf einer Landstraße von hundert Kilometern Länge ist es kein Drama, eine Abweichung von zehn Zentimetern in Kauf zu nehmen, doch für einen Neurochirurgen, der einen Gehirntumor operiert, käme diese Abweichung einer Katastrophe gleich. Eine Handlung scheitert, wenn das Bewertungskriterium nicht stimmt und ein irriger Maßstab anwendet wird. Gelegentlich allerdings müssen wir zwischen zwei Kriterien wählen, die einander widersprechen. Was wir für uns ganz persönlich als privaten Erfolg verbuchen, kann beispielsweise unter dem Gesichtspunkt der sozialen Intelligenz als Scheitern eingestuft werden. Das Abholzen der Regenwälder Brasiliens mag ein Glück für diejenigen sein, die sich daran bereichern, global gesehen aber ist es ein Scheitern für die Menschheit. Und hier kommt das Prinzip von der Hierarchie der Ebenen ins Spiel, das uns immer wieder dazu zwingt, eine Wahl zu treffen. Mit dieser Problematik befasse ich mich im folgenden Kapitel.

VI. Auswahl der Ziele

1

Am 14. Januar 1913 schreibt Kafka an Felice:

> Bei einer bestimmten Gelegenheit hast du mir gesagt, daß du gerne an meiner Seite sitzen würdest, wenn ich schreibe. Aber stell dir vor, dann könnte ich nicht schreiben, es wäre mir gänzlich unmöglich, das zu tun. Jede Einsamkeit zum Schreiben ist wenig, jedes Schweigen zum Schreiben ist wenig, sogar die Nacht ist zu wenig Nacht, und so ist die ganze Zeit, über die man verfügt, wenig; denn die Wege sind lang, und man verirrt sich leicht, gelegentlich hat man auch Angst, und ohne Verpflichtung und ohne Anreiz verspürt man Lust zurückzurennen (eine Lust, die später immer hart bestraft wird). Was würde erst geschehen, wenn man unvorhergesehen vom allergeliebtesten Menschen einen Kuß bekäme!

Kafka ist davon überzeugt, dass seine Berufung zum Schriftsteller nicht mit einem Liebesleben zu vereinbaren ist, obwohl er es andererseits ersehnt.

Angetrieben von unseren Wünschen und Bedürfnissen müssen wir Lebenspläne erstellen, und von diesem Entwurf hängen unsere Erfolge oder unser Scheitern im Leben maßgeblich ab. Insofern ist es notwendig, zwischen einander widersprechenden Plänen zu entscheiden (Kafka beispielsweise glaubte, sich zwischen dem Schreiben und dem Zusammenleben mit Felice Bauer entscheiden zu müssen), gleichzeitige Pläne unter einen Hut zu bringen (wie die Vereinbarkeit von Berufs- und Familienleben) oder Pläne gemeinschaftlich zu verwirklichen (in der Liebe, bei der Arbeit, im politischen Handeln).

Im Grunde genommen sind wir ständig mit einer der folgenden drei Schwierigkeiten konfrontiert:

Ich weiß nicht, was ich tun soll.
Ich weiß, was ich tun möchte, aber ich weiß nicht, wie.
Ich weiß wie, aber ich traue mich nicht.

Dabei wollen wir doch alle nur glücklich sein. Das ist unser diffuses Anliegen, weil wir nämlich nicht wissen, mit welchen Vorhaben wir dieses verschwommene Ziel verwirklichen können. Und deshalb ist die Auswahl der Ziele eine der heikelsten Aufgaben der Intelligenz. Vor einiger Zeit haben Entwicklungspsychologen bis ins Detail erforscht, nach welchen Kriterien Jugendliche ihre Berufswahl treffen, und der New Yorker Wissenschaftler Eli Ginzberg stellte dazu folgende Theorie auf: Kinder und Jugendliche durchlaufen drei Phasen der Auswahl: die Phase der Phantasie, die Phase der Versuche sowie die realistische Phase. Letztere kennzeichnet die Reife, aber wie wird sie erreicht?

Vielfach ist ein Scheitern darin begründet, dass wir Ziele ansteuern, die entweder von Haus aus unmöglich sind oder nicht unseren realen Befähigungen entsprechen. Es ist unmöglich, allmächtig zu sein, ebenso wie es unmöglich ist, ein Omelette zu backen, ohne Eier zu zerschlagen. Jean-Paul Sartre glaubte, angesichts der Ungerechtigkeit sei es unmöglich, reine Hände zu behalten.

In seinem Roman „*Die Pest*" erzählt Albert Camus in einem Nebenstrang die Geschichte eines kleinen Büroangestellten, der sich zum Schriftsteller berufen fühlt, jedoch scheitert, weil er nach dem vollkommenen Satz sucht. Als er im Sterben lag, fand er einen Schrankkoffer voll mit Varianten seines ersten Satzes, tausendmal geschrieben und tausendmal verworfen. Eine der Formulierungen lautete: „An einem schönen Morgen im Mai ritt eine elegante Amazone auf einer prächtigen Fuchsstute durch die blühenden Alleen des Bois de Boulogne." Der unzufriedene Autor erklärte, warum er diesen Satz verworfen hatte: „Dieser ist nicht mehr als eine Annäherung. Erst wenn mein Satz die ureigenste Bewegung des Reitens im Trab wiedergibt, eins, zwei, drei, eins, zwei, drei, dann ist der Rest einfacher, und außerdem wird die Faszination von Anfang an so groß sein, dass man sagen kann: Hut ab!"

Der Schweizer Psychiater und Neurologe Otto Binswanger berichtet von einer Frau, die sich unaufhörlich mit dem Verfolgen unerreichbarer Ziele quälte. So weinte sie wegen Kleinigkeiten stundenlang, weil es ihr nicht gelang, mit ihrer Arbeit die Arbeit ihrer Kolleginnen zu übertreffen. Auch Erfolge gaben ihr keine Befriedigung, denn ihr Blick war auf Erfolgserlebnisse von einer solchen Großartigkeit gerichtet, dass ihr Ruhm bis in alle Ewigkeit gesichert sein würde. Da sie nach der Devise „Alles oder nichts" lebte, verbuchte sie ihre kleinen Erfolge als deprimierendes Scheitern. Diese Frau war nicht nur grausam gegen sich selbst, sie beurteilte auch ihre Mitmenschen sehr hart, indem sie ihre eigenen unerfüllbaren Kriterien auch auf sie anwandte. Als ihre lähmende Verzweiflung immer weiter fortschritt und damit ihre Leistungsfähigkeit zerstörte, sah sie sich in ihrem tiefsten Inneren von einem Gefühl der Nutzlosigkeit und der Wertlosigkeit befallen. Nur der Tod konnte sie von ihrer Qual erlösen, und sie unternahm wiederholt Selbstmordversuche.

Manchmal ist ein an sich realistisches Ziel für eine bestimmte Person unmöglich. In „*Die Caine war ihr Schicksal*" spielt Humphrey Bogart einen Kapitän, der daran scheitert, dass er befehlen möchte, aber nicht weiß, wie. Nach vielen Jahren Schreibtischarbeit macht man ihn zum Kommandanten eines Kriegsschiffes, und damit erfüllt sich die große Sehnsucht des Protagonisten, Befehle zu erteilen. Diese Aufgabe verleiht ihm zwar Macht, aber es mangelt ihm an dem notwendigen Durchblick. Unfähig, zwischen Wesentlichem und Unwesentlichem zu unterscheiden, und nicht in der Lage, die Handlungen seiner Untergebenen zu verstehen, erteilt er absurde Befehle. Er weiß nicht, wann er streng und wann er nachgiebig sein muss. Mit seiner Besessenheit herauszufinden, wer seiner Männer ein Glas Erdbeeren gegessen hat, das aus dem Lagerraum des Schiffes gestohlen wurde, provoziert er schließlich eine Meuterei. Es ist eine heikle Aufgabe abzuwägen, wozu wir fähig sind und wozu nicht. Stecken wir unsere Ziele zu hoch, so ist auch die Wahrscheinlichkeit des Scheiterns beträchtlich. Trauen wir uns aber zu wenig zu, werden viele unserer Möglichkeiten unentwickelt bleiben.

Unweigerlich scheitern müssen Ziele, die in sich widersprüchlich sind, auch wenn es gar nicht so aussieht. Physiker wissen beispielsweise, dass es unmöglich ist, gleichzeitig die Geschwindigkeit und die Position eines Elementarteilchens zu bestimmen, weil die Festlegung seiner Position dessen Richtung verändert, Und das bedeutet: je genauer man das eine messen will, umso ungenauer wird das andere. Kein Theologe behauptet erklären zu können, wie Gott gleichzeitig absolut gerecht und absolut barmherzig sein kann. Fast alle Eltern erziehen ihre Kinder mit widersprüchlichen Zielen: sie möchten einerseits, dass sie egoistisch, und andererseits, dass sie gerecht sind, sie sollen gleichzeitig Tauben und Falken sein – und diese Mischung ist äußerst schwierig. Als Gabriel García Márquez die erste Fassung von „*Der Herbst des Patriarchen*" fast fertig geschrieben hatte, wurde ihm ein gravierender Fehler bewusst: er hatte sich nämlich zunächst darauf versteift, eine unpersönliche Erzählung in der ersten Person zu schreiben, eine belletristische Form, die in sich widersprüchlich ist. Miller, Galanter und Pribram, die ich früher schon erwähnt habe, waren überrascht von der Häufigkeit, mit der Menschen einander widersprechende Pläne fassen, ohne es zu merken. „Es scheint, dass dieses Individuum sich bewusst selbst frustriert, aber es kann nicht herausfinden, warum. Es weiß, dass es einen Fehler gibt, aber es kann nicht ergründen, worum es sich dabei handelt." Möglicherweise sind die beiden Pläne so sehr voneinander isoliert, dass der Betreffende niemals Gelegenheit hat, den einen mit dem anderen zu vergleichen. In sehr schwerwiegenden Fällen sprechen wir dann vom Phänomen der „gespaltenen Persönlichkeit".

Die Schule von Palo Alto hat das Phänomen der paradoxen Interventionen oder der zweifachen Bindungen erforscht. Wenn beispielsweise eine Mutter ihrer Tochter befiehlt: „Du musst spontaner sein", so führt die angeordnete Spontaneität zwangsläufig zu einer paradoxen Situation, da allein die Aufforderung, spontan zu sein, Druck ausübt und Spontaneität und Druck sich widersprechen. Ähnliches geschieht auf politischer Ebene, wenn etwa der Anspruch erhoben wird, eine Demokratie gewaltsam einzuführen.

Der Autor Peter Schmid beschäftigte sich in den sechziger Jahren mit den Beziehungen zwischen Japan und den Vereinigten Staaten. Japan zeigte sich damals unentschieden zwischen zwei sich widersprechenden Zielen, von denen das eine Sicherheit hieß und das andere die Ablehnung von Macht beinhaltete. Er schrieb:

> Die Macht ist, wie der bekannte Satz herunterbetet, böse; infolgedessen lehne ich die Macht ab, nicht ganz und gar, aber soweit es mir möglich ist. Ein Freund beschützt mich. Er ist mächtig … und

infolgedessen ist er böse. Deswegen verachte ich ihn, hasse ihn, und trotzdem muss ich ihm die Hand reichen. Ich bin schwach, weil ich gut sein will ... deswegen hat mein böser Freund Macht über mich. Ich verurteile, was er in seiner Machtposition tut, aber ich zittere vor der Möglichkeit, dass er zusammenbricht. Denn wenn mein Beschützer zusammenbricht, was gerecht wäre, weil er böse ist, würde auch ich stürzen, der ich gut bin.

Um nicht zu scheitern, ist es für uns wichtig herauszufinden, ob unsere Ziele sich widersprechen. Gegenwärtig findet weltweit eine offene Debatte darüber statt, ob Globalisierung und Gerechtigkeit miteinander zu vereinbaren sind, ob der Wohlfahrtsstaat und wirtschaftliche Leistungsfähigkeit zusammenpassen. Liberale Denker der jüngeren Generation meinen, das Menschenrechtssystem sei widersprüchlich, weil es zu seiner Durchsetzung eines eingreifenden und mächtigen Staates bedürfe, und das sei ja genau das, wovon uns das System der Menschenrechte befreien wolle. Es ist also leicht ersichtlich, was wir mit solchen Debatten riskieren.

2

Zweifellos am schwersten zu lösen ist das Problem, eigene Ziele mit den Zielen anderer in Einklang zu bringen, so dass es nicht verwundert, wenn die meisten Frustrationen in diesem zwischenmenschlichen Bereich entstehen. Ein gutes Beispiel dafür sind die Beziehungen in einer Partnerschaft und zwischen den Mitgliedern einer Familie. Individuelle Ziele können jedoch – zumindest theoretisch – vereinigt werden, wenn es um ein großes und gemeinsames Ziel geht. So werden auch Firmen organisiert. Die Firma als Organisation hat ihre ureigenen Absichten: Güter zu produzieren und Geld zu verdienen, und dieses gemeinschaftliche Ziel steuert ohne die geringste Zweideutigkeit das Wirken des Unternehmens. Wer sich jemals mit sozialen Bewegungen befasst hat, weiß, dass Energie von Menschen gebündelt werden kann, wenn es um ein gemeinsames Vorhaben oder ein bestimmtes Ziel geht. Beispielhaft dafür sagt der Held in „*Die Stadt in der Wüste*" von Saint-Exupéry, einem Buch voller Widersprüche und Paradoxien: „Wie mein Vater zu mir sprach: ‚Zwinge sie, einen Turm zu bauen, und sie werden Brüder. Aber wenn du willst, dass sie einander hassen, dann wirf ihnen einen Bissen zu essen hin.‘ " Um die Gesellschaft zu mobilisieren, braucht es nicht mehr, als Hass oder Furcht zu säen, denn beide Gefühle erzeugen sehr klare Ziele: den Feind zu vernichten oder sich selbst zu retten.

Partnerbeziehungen lassen sich nach den unterschiedlichsten Modellen deuten: So könnte der Eine seinen Lebensplan dem Plan des Anderen unterwerfen, oder zwei individuelle Pläne werden einander angeglichen, bisweilen gibt es auch ein gemeinsames Ziel, dem die individuellen Pläne untergeordnet werden. Ein Modell der patriarchalischen Gesellschaft war die Unterwerfung der eigenen Ziele zugunsten der Gemeinschaft. Häufig schloss es das Modell der selbstlosen Hingabe von Mann und Frau an ein gemeinsames Ziel ein, beispielsweise die Familie, welches man sogar gegen eines ihrer Mitglieder verteidigen musste. Und dieses Ziel wurde als übergeordnete Wirklichkeit angesehen. Das alte Sprichwort „Kinder verbinden" bezog sich daher nicht auf Frühlingsgefühle, sondern auf eine gemeinsame Aufgabe. Die Familie erwies sich als sehr stabil, solange sie eine wirtschaftliche Institution war, die das Überleben der Einzelnen sicherte und ein übermächtiges gemeinsames Ziel verfolgte. In armen Gesellschaften können Alleinstehende nicht überleben. Sobald sich jedoch die wirtschaftliche Lage bessert, gewinnen die emotionalen Wünsche an das System Familie einen höheren Stellenwert und lösen höhere Erwartungen aus – und damit vergrößern sich die Möglichkeiten des Scheiterns. Heutzutage tritt anstelle des gemeinsamen Zieles ein reines Vertragsmodell in den Vordergrund, in dem zwei Willensäußerungen auf gleicher Ebene verhandelt werden, wobei die Entscheidung über Zusammensein oder Trennung – vielleicht sogar unter Gewährleistung der wirtschaftlichen Unabhängigkeit beider Partner – in die Verhandlung mit einbezogen werden kann. Möglicherweise aber haben wir es hier mit dem Problem einander widersprechender Ziele zu tun: Man kann nicht gleichzeitig den Kuchen essen und ihn besitzen. Die Angst vor dem Scheitern einer Beziehung führt letztendlich dazu, dass beide Partner nur wenig in sie investieren; lieber bleibt man zurückhaltend und hält sich die Option zum Rückzug offen. Gerade weil die Möglichkeit einer Scheidung von Anfang an so präsent ist, zwingt sie das Paar, sich darauf vorzubereiten, und das wiederum steigert die Chance, dass es tatsächlich so weit kommt. Dies ist eindeutig ein Fall der sich selbst erfüllenden Prophezeiung.

Die westliche Gesellschaft hat ihre individuellen Ziele derartig glorifiziert, dass sie inzwischen beim Bankrott aller gemeinschaftlichen Ziele angelangt ist. Wenn wir dieses Phänomen genauer betrachten, werden wir feststellen, dass es ein unausweichliches Paradoxon einschließt. Ein gemeinschaftliches Ziel – der Schutz der Menschenwürde – fällt auf diese Art und Weise der Freiheit der persönlichen Entfaltung zum Opfer. „Wir können uns über die Vorstellung von Glück nicht einigen" ist ein ziemlich paradoxes Dogma der liberalen Philosophie, die ja im gleichen Moment darum kämpft, uns von der Tyrannei des Staates zu befreien, damit wir unsere Vorstellung vom Glück verwirklichen können.

Das gemeinschaftliche Vorhaben eines Lebens mit Grundrechten ist, wie Ulrich Beck feststellt, einer individualistischen Lebensweise gewichen, die die gemeinschaftlichen Werte zunichte macht:

„Die grundlegenden Werte der modernen Gesellschaft – die bürgerlichen, politischen und sozialen Grundrechte – orientieren sich am Individuum und nicht an der Gruppe. In dem Maße, in dem die Grundrechte verinnerlicht werden, zerstört die Spirale der Selbstverwirklichung die bestehenden Fundamente der gesellschaftlichen Koexistenz."

Die individuellen Ziele lösen sich aus den Fesseln der gemeinsamen Ziele, und die neoliberale Wirtschaft beruft sich auf das Bild eines autarken menschlichen Ichs. Damit wird vorausgesetzt, dass die Individuen, und nur sie alleine, über die Fähigkeit verfügen, die Gesamtheit ihres Lebens zu beherrschen, dass sie aus eigener Kraft Handlungsfähigkeit erlangen und erneuern. Einen ähnlichen Ansatz vertritt die Erkenntnispsychologie, wenn sie sagt: „Nicht die Dinge lassen uns leiden, sondern die Vorstellungen, die wir von den Dingen haben." Wenn das so stimmen würde, bestünde die Lösung in der Änderung unserer Vorstellungen, nicht aber in der Veränderung der Situation. Das ist der Gipfel des reaktionären Konservativismus.

Wir haben nun drei Arten von Scheitern kennen gelernt, die durch den Inhalt und die Qualität der Ziele gekennzeichnet sind: Ich habe mein Ziel schlecht ausgewählt, es erwies sich als unmöglich, widersprüchlich und zerstörerisch. Ich konnte meine Ziele nicht mit denen einer anderen konkreten Person vereinbaren, wie beispielsweise im Falle einer gescheiterten Ehe. Ich konnte meine Ziele, die weder mit geltendem Recht noch mit herrschender Moral in Einklang zu bringen waren, nicht mit meinen Verpflichtungen gegenüber der Gesellschaft vereinbaren. Das ist der Fall des nicht-solidarischen Individualismus.

Es reizt mich, gerade den letzteren Fall eingehender zu untersuchen. Der Individualismus kann ein Triumph der subjektiven und ein Scheitern der kollektiven Intelligenz sein. Ich bin mir darüber im Klaren, dass ich mich mit dem genaueren Betrachten dieser Besonderheit in eine Zwickmühle begebe, aber das ist wohl unausweichlich.

3

Mein Anliegen ist es, diese Zwickmühle auf eine möglichst klar ersichtliche Weise darzustellen. So bin ich beispielsweise davon überzeugt, dass gerade das Böse ein großes Scheitern der Intelligenz darstellt, also jenes Verhalten, das die Rechte eines anderen Individuums massiv bedroht und ihm einen unverantwortlichen Schaden zufügt. Wenn ich allerdings das Gute mit dem Triumph der Intelligenz und das Böse mit ihrem Scheitern gleichsetze, vermuten Sie möglicherweise, ich würde die Begriffe verwechseln. Immerhin lehrt uns die landläufige Psychologie, die häufig sehr einfach gestrickt ist, dass ein hochintelligenter Mensch bösartig sein kann und ein guter Mensch dumm. In den Dörfern Kastiliens werden Geistesschwache „Unschuldige" genannt, und wenn man von jemandem sagt, er sei ein „Gutmensch", so ist das schon fast eine Beleidigung. Auch der Dichter Antonio Machado musste sich vor diesem fälschlichen Gebrauch des Wortes schützen:

Und mehr als ein üblicher Mensch, der seine Lektion kennt,
bin ich, im guten Sinne des Wortes, gut.

Warum bestehe ich darauf, moralische Kategorien (gut – böse) mit intellektuellen Kategorien (Wissen – Wahrheit; Effizienz – Ineffizienz) in Beziehung zu setzen? Weil ich glaube, dass dies die einzige Art und Weise ist, um entscheidende Aspekte unseres Lebens zu verstehen und tragische Konflikte zu lösen. Es reizt mich, an dieser Stelle noch einmal darauf hinzuweisen, dass wir nun vor einer besonders wichtigen und konfliktbeladenen Anwendung des *Prinzips der Hierarchie der Ebenen* stehen. Einerseits gibt es den individuellen Gebrauch der Intelligenz mit festgesetzten Zielen, Werten und Bewertungsmaßstäben. Und andererseits gibt es den öffentlichen Gebrauch der Intelligenz, der auch seine ureigenen Ziele verfolgt und bestimmte Werte berücksichtigt. Unser ganz persönliches Interesse fokussiert sich auf den privaten Gebrauch der Intelligenz, während die Wissenschaft oder das Recht einen öffentlichen Gebrauch fordern. Jeder Einsatz der Intelligenz legt eine Bewertungsebene fest, und – wie bereits am Beispiel der Vernichtung des Regenwaldes gezeigt – ein triumphierendes Verhalten auf der privaten Ebene kann ein Scheitern auf der öffentlichen darstellen. Was also sollen wir tun, und welcher Ebene geben wir den Vorzug?

4

Um das Problem zu veranschaulichen, kehre ich zu einer Person zurück, die uns bereits am Anfang dieses Buches begegnet ist: Napoleon Bonaparte. Die Bewunderung, die ihm seine Zeitgenossen zollten, kam einer Vergöttlichung gleich. Jacques Marquet de Montbreton, Baron de Norvins, der verschiedene Stellen in der Verwaltung innehatte, verfasste eine überaus erfolgreiche Biographie des Kaisers, in der er sich auch mit Napoleons Tragödie der Maßlosigkeit auseinander setzte. Der Kaiser ertrug ein Übermaß an Genialität, ein Übermaß an Glück und ein Übermaß an Unglück.

Der Historiker Baron Agathon-Jean François de Fain, er war viele Jahre Privatsekretär des Kaisers, lässt uns in seinen Memoiren einen bis dahin unbekannten Blick auf Napoleons Arbeitsstil werfen, auf die Art und Weise, wie er mit Informationen umging und wie er seine Schreibstube organisiert hatte. Detailversessen schildert er den Arbeitstag des

Kaisers. Dessen Privatbüro – das er auch im Morgenrock zu betreten pflegte – lag zwischen seinem Schlafzimmer und dem öffentlichen Büro. Letzteres betrat er nur korrekt gekleidet zur Audienz. Der Kaiser selbst hatte die Möbel entworfen – so gab es beispielsweise in allen Büros seiner Paläste einen speziellen oktogonalen Tisch –, und auch die Hefte, die ihm die Ministerien alle vierzehn Tage zuschicken mussten und die sämtliche Daten über die Nation und alles enthielten, was sich ereignet hatte, waren nach seinen Wünschen angefertigt worden. Er wusste, welche Informationen für ihn wichtig waren und wie man ihm die Daten präsentieren musste, damit er sie schnell erfassen konnte. „Das Büro des Kaisers hat seine Utensilien wie alle anderen Büros", sagte er oft.

Die Hefte, die er ständig auf seinem Tisch liegen hatte, waren das Resümee des Lebens im Land. Lange, bevor unsere Politologen das feststellten, wusste Napoleon, dass Wissen Macht bedeutet. Er las alles und veranlasste zudem, dass sämtliche Berichte, Notizen und alle Briefe aufbewahrt wurden. Er war von Zahlen besessen. „Den Kaiser" schreibt Fain, „faszinierte es, Rechnungen aufzustellen. Beim Umgang mit Zahlen erlebte er eine besondere Freude." Und Fain fügt hinzu: „So kann man verstehen, dass der Kaiser aus dem Fundus seines Büros schöpfte und, indem er auf seine Unterlagen zurückgriff, sich gleichzeitig mit den unterschiedlichsten Dingen befassen konnte – so penibel, so genau, so rasch informiert. Mit einer derartigen Menge von Wissen im Kopf oder zur Hand wurde er niemals überrumpelt. Im Gegenteil, er war seinen Mitarbeitern in allen Bereichen und in jedem Augenblick überlegen."

Um es noch einmal kurz zusammenzufassen: Napoleons Auffassungsgabe, seine raschen Entscheidungen, seine Fähigkeit, Menschen zu verstehen und zu motivieren, seine ansteckende Energie und die Klarheit seiner Ziele zwingen uns, ihm eine vielseitige, erfinderische und überragende Intelligenz zu bescheinigen.

Dennoch endete sein biographischer Werdegang in einem Scheitern, nachdem er mehr erreicht hatte, als er sich je erträumt hatte. Nach Emmanuel de Las Cases, dem Autor von *„Denkwürdigkeiten von St. Helena"*, pflegte er ab und an, verwundert und amüsiert, zu bemerken: *„Quel roman, ma vie!"* „Welch ein Roman, mein Leben!"

5

Sehen wir uns einen anderen Aspekt des Falles Napoleon an. Es war sein Ehrgeiz, der zum Tod von zwei Millionen Menschen führte – Franzosen und Nicht-Franzosen – und der für mehr als ein Jahrhundert die Errungenschaften der Französischen Revolution auf Eis legte. Menschen waren für ihn austauschbare Werkzeuge seines Machtanspruchs. Man berichtet, er sei nach einer Schlacht zwischen den Gefallenen hindurchgegangen und habe dabei folgenden Kommentar abgegeben: „Das ersetzt ihnen eine Nacht in Paris." Obwohl er den Code Civil einführte und ein Reich der Vernunft errichten wollte, war er davon überzeugt, dass Gewalt das einzige Mittel sei, um Menschen zu regieren.

Als Beleg dafür habe ich einen Auszug aus dem 18. Kapitel von Niccolò Machiavellis (M) „*Der Fürst*" herausgesucht und in dessen Text die Randbemerkungen eingefügt, die Napoleon (N) dazu gemacht hat:

M: Jeder kann das Löbliche verstehen, das darin liegt, dass ein Fürst das gegebene Wort hält und mit Redlichkeit und nicht mit List lebt.

N: Wenn Machiavelli in diesem Maß die Gutgläubigkeit, Ehrlichkeit und Rechtschaffenheit bewundert, kann er noch kein Staatsmann sein.

M: Dennoch zeigt uns die Erfahrung unserer Zeit, dass die Fürsten, die große Dinge vollbracht haben, diejenigen sind, die ihrem Wort geringe Bedeutung beigemessen haben und gewusst haben, wie man den Geist der Menschen mit List betrügt.

N: Eine Kunst, die man noch vervollkommnen kann.

M: Zuletzt haben sie diejenigen übertroffen, die loyal gehandelt haben.

N: Die Dummen sind hier unten für unsere geheimen Ausgaben.

M: Ihr müsst daher wissen, dass es zwei Arten des Kampfes gibt: mit Hilfe der Gesetze und mit Gewalt. Die erste ist dem Menschen eigen, die zweite den Tieren.

N: Sie ist die bessere, vorausgesetzt, man hat nur mit Bestien zu tun.

Es gibt also zwei mögliche Arten, Napoleon zu bewerten. In seiner privaten Welt erreichte er seine Ziele, doch aus der Sicht seiner Opfer war er ein Zerstörer. Als Herrscher konnte er die Probleme seiner Nation nicht lösen. Und das ist das Dilemma.

6

Ich setze meine Beweiskette fort. Napoleon war in seinem privaten Umfeld sehr intelligent, denn er setzte seinen Kopf durch, doch als Herrscher war er nicht so klug, weil er die Nation zerstörte. Damit will ich nicht sagen, dass er eine gespaltene Persönlichkeit war, vielmehr gab es eine Art Spaltung im *Gebrauch der Intelligenz*. Kehren wir noch einmal zu den Definitionen des ersten Kapitels zurück, um festzustellen, dass Napoleon eine hochintelligente strukturelle Intelligenz besaß, die er – trotz seines letztlichen Scheiterns – in seinem privaten Leben gut zu nutzen wusste, aber weniger gut im öffentlichen Bereich. Demzufolge gibt es einen privaten und einen öffentlichen Gebrauch der Intelligenz, wobei der private Gebrauch von individuellen Wertmaßstäben geleitet wird, der öffentliche dagegen von öffentlichen Kriterien. Im zweiten Kapitel habe ich vom rationalen Gebrauch der Intelligenz gesprochen und im vierten habe ich gezeigt, dass Kommunikation nur möglich ist, wenn man von einem gemeinsamen Bedeutungsbereich ausgeht. Jetzt aber geht es um gemeinsame Ziele, um Frieden, Fortschritt und Gerechtigkeit, also um das, was ich in anderen Büchern als *politisches Glück* bezeichnet habe.

Der private Gebrauch der Intelligenz hat nicht zwangsläufig moralisches Handeln zur Folge, aber auch nicht unbedingt das Gegenteil. Ein Mensch, der mit seinem individuellen Einsatz von Intelligenz scheitert, scheitert in seinem ureigenen Streben nach Glück. Und hier wollen wir kurz innehalten. Immanuel Kant würde mit Recht sagen, das Verhalten des Egoisten sei böse, weil man es nicht verallgemeinern kann. Der Böse aber würde ihm antworten, dieses Verhalten sei gut für ihn, und somit das einzige, was für ihn zähle. Gegenargumente gingen bei ihm zum einen Ohr rein und zum anderen wieder raus. Die Vorstellung der Stoiker, dass die Bösen unglücklich seien und dass es schlimmer sei,

Unrecht zu begehen als es zu erleiden, hat in der privaten Logik keinen Sinn. Es ist nicht wahr, dass Augusto Pinochet mehr gelitten hat als die Männer und Frauen, die unter seiner Diktatur gefoltert wurden.

Der private Gebrauch der Intelligenz lässt den Menschen in seinem geschlossenen System versteinern und macht die Mauern so dicht, dass alle Argumente, die nicht in sein Weltbild passen, an diesen Mauern abprallen. In seinem kürzlich erschienenen Buch „Wie man mit einem Fundamentalisten diskutiert, ohne den Verstand zu verlieren" hat Hubert Schleichert aufgezeigt, dass es unmöglich ist, mit jemandem zu diskutieren, der die Grundlagen der Dialektik leugnet. Contra principia negantem non est disputandum, sagten die Klassiker. Eine gewinnbringende Diskussion ist nur mit jemandem möglich, der seine private Beschränktheit aufgibt und sich auf öffentliches Terrain begibt. Aber warum sollte er das tun?

Einige triftige Gründe habe ich schon aufgezeigt. Die Verständigung mit anderen, die Möglichkeit des Zusammenlebens und die Anpassung an die Wirklichkeit erzwingen ein objektives Denken.

Zufriedenstellende Liebesbeziehungen beispielsweise lassen sich nur aufrechterhalten, wenn eine gemeinschaftliche Intelligenz ins Spiel kommt, also ein aufeinander bezogener Gebrauch des Denkens, des Fühlens und des Sprechens. Partner, die so miteinander umgehen, sichern einen leistungsfähigen Kommunikationsfluss, lösen Probleme, die im Zusammenleben entstehen, fördern das Zurechtfinden in der Wirklichkeit und helfen sich gegenseitig bei der Erreichung ihrer persönlichen Ziele. Beide streben nach ihrem eigenen Glück, doch zu diesem Glück gehört auch das Glück des anderen.

Daher ist einer der ersichtlichsten Beweise für gemeinschaftliche Intelligenz die Fähigkeit, konfliktträchtige Ziele zu integrieren.

Die gemeinschaftliche Intelligenz ist für ein erfülltes Gefühlsleben unerlässlich, unabhängig davon, ob es sich um eine Partnerschaft, um die Familie oder um nachbarschaftliche Beziehungen handelt. Doch nichts davon ist wichtig für den, der keine Liebe braucht, sondern Unterwerfung. Die Befehlsgewalt, die einen Menschen absolut selbstzufrieden macht, ist von Haus aus böse. Interessant ist, dass sich der böse Mächtige erst dann auf allgemeingültige Regeln und Gesetze beruft, wenn er sich in Gefahr sieht. So wollten beispielsweise die Anwälte von

Pinochet erreichen, dass ihr Mandant nicht „ à la Pinochet" behandelt würde. Ein Diktator, der zeitlebens die Legalität missachtet hatte, appellierte in dem Moment an die Legalität, als er sich besiegt fühlte. Das System der Rechtsprechung, diese große Errungenschaft der öffentlichen Intelligenz, zwingt uns dazu, aus unserem privaten System herauszutreten und uns dem gemeinschaftlichen Bereich der Gesetze unterzuordnen.

Der öffentliche Gebrauch der Intelligenz ist unverzichtbar, um Tyrannei und den Kampf aller gegen alle zu vermeiden. Die individuelle Logik dagegen führt unweigerlich zum Schmarotzertum oder zur Gewalt, weil sich das vernünftige Denken innerhalb eines geschlossenen Systems bewegt. Das so genannte *Dilemma der gemeinsamen Güter* führt uns klar vor Augen, dass Handlungsweisen, die dem einzelnen isolierten Individuum Macht, Erfolg oder finanzielle Unabhängigkeit bringen, für die Allgemeinheit ein Desaster sein können. So kann beispielsweise die übermäßige Ausbeutung der Ressourcen – Urwälder, Fische, Erdöl – für das einzelne Individuum eine sehr vorteilhafte Option sein. „Nach mir die Sintflut" ist im privaten Bereich eine sehr vernünftige Maxime. Es gibt keinen wirklich einleuchtenden Grund, warum ich mich um andere kümmern sollte – und erst recht nicht um künftige Generationen.

In seiner klassischen Abhandlung „*The Tragedy of the Commons*" benutzte der Mikrobiologe und Umweltexperte Garrett Hardin das Beispiel der Viehzucht. Die extensive Übernutzung der allgemeinen Weiden durch ein Individuum kann der Allgemeinheit schaden, da die Bodenbeschaffenheit darunter leidet, dem Ausbeuter aber nützen. Dieses Problem hat viele Bezeichnungen erhalten: gesellschaftliches Dilemma, Problem der öffentlichen Güter, Problem des Schmarotzers, Problem der kollektiven Aktion. Gelöst werden kann das Problem nur, wenn wir vom privaten Gebrauch der Intelligenz zum öffentlichen Gebrauch der Intelligenz überwechseln, deren Hauptschöpfungen übrigens die Wissenschaft, die Ethik und das Rechtswesen sind.

7

Die Notwendigkeit, den öffentlichen und den privaten Gebrauch der Intelligenz zuzulassen, zeigt sich bei der Analyse wissenschaftlicher oder ethischer Wahrheiten. Jean Piaget unterschied zwischen einem *psychologischen Subjekt*, das ich hier privat nenne, und einem *Erkenntnis-Subjekt*, dem so genannten epistemischen Subjekt, das ich als öffentlich bezeichne. Er schrieb:

> „Das epistemische Subjekt (im Gegensatz zum psychologischen Subjekt) ist das, was alle Subjekte gemeinsam haben, weil das allgemeine Zusammenspiel der Handlungen etwas Umfassendes einschließt, das der jeweils eigene biologische Aufbau ist."

Piaget hat nicht ganz Recht. Was er definiert, ist die allen Menschen gemeinsame *strukturelle Intelligenz*, denn die Mechanismen der Wahrnehmung, das Gedächtnis oder die Sprache, sind bei allen Menschen ähnlich. Aber ich denke, man muss noch weitergehen und sich eingestehen, dass diese gemeinsame Intelligenz von allen Menschen auf private und auf öffentliche Weise genutzt werden kann. Die Philosophen nannten den öffentlichen Gebrauch der Intelligenz „Vernunft", womit sie ihm die Qualität einer Fähigkeit gaben; ich aber möchte mir die Bezeichnung „Vernunft" lieber vorbehalten für die Begabung, sinnvolle Überlegungen, auf der privaten wie auf der allgemeinen Ebene, anzustellen. Und der Begriff „Gebrauch" sollte nur für die Anwendung dieser sinnvollen Überlegungen in Bezug auf ein Vorhaben gelten.

Wenn Sie sich noch ein bisschen an den Philosophieunterricht in Ihrer Schule erinnern, so werden Sie wissen, dass die Philosophen ein „ethisches Subjekt" erfinden mussten, befähigt, allgemeingültige Regeln auf die gleiche Weise zu entdecken, wie das „epistemische Subjekt" die Wahrheiten entdecken würde. Dieses ethische Subjekt wurde unterschiedlich charakterisiert: mal war es der unparteiische Beobachter, dann die Allgemeinheit oder auch der Schleier der Unwissenheit. Die Theorie vom unparteiischen Beobachter befürwortet einen Gebrauch der Intelligenz, der „unparteiisch" ist, „frei von Anteilnahme und Egoismus und alle Folgen abwägt". Sie geht zurück auf den schottischen Moralphilosophen Adam Smith, der schreibt:

„Wir versuchen das eigene Verhalten zu überprüfen, indem wir uns vorstellen, dass es irgendein redlicher und unparteiischer Zuschauer beurteilen würde. Wenn wir uns an seine Stelle versetzen und in alle Leidenschaften und Motive eindringen können, die unser Verhalten bestimmen, finden wir es gut, wenn dieser fiktive, gerechte Richter es gutheißt. Wenn wir im gegenteiligen Fall seine Missbilligung teilen, verurteilen wir es."

Es ist demnach notwendig, uns so weit von unseren eigenen Motiven zu lösen, bis es uns gelingt, eigene Handlungsweise unparteiisch zu betrachten – als hätten wir uns in zwei Individuen geteilt und seien unser eigener Zuschauer. An den Gefühlen des ersten Zuschauers nehme ich teil, indem ich mich in seine Lage versetze und beobachte, wie mein Verhalten auf ihn wirken könnte. Der zweite Beobachter ist die Person, die ich als mein Selbst entwerfe und von deren Verhalten ich mir eine Meinung zu bilden versuche, und zwar mit der Objektivität eines unparteiischen Zuschauers. Der erste Beobachter ist der Richter, der zweite die von ihm zu beurteilende Person.

Kant lieferte eine andere, nur unwesentlich abweichende Lösung, indem er das Konzept vom „kategorischen Imperativ" anwendet: Handle so, dass dein Verhalten als allgemeine Maxime des Verhaltens dienen könnte. Lügen ist nicht gut, weil es eine Verhaltensweise ist, die man nicht verallgemeinern kann. Wenn alle Welt lügen würde, wäre das Leben eine unablässige Folge von jähem Erschrecken. Demnach ist das, was ich als gut ansehe, nur dann gut, wenn es vor jedem anderen vernünftigen Wesen auch als gut bestehen kann. Sartre lieferte eine Version des ethischen Subjekts mit noch größerer Sprengkraft: Wenn du eine Tat beschließt, entscheidest du im Namen der gesamten Menschheit. – Nichts von alledem bekümmert den bösen Mächtigen. Er denkt wie Napoleon, dass Gewalt das einzig wirksame Instrument ist, und er tut, was er will. Die Moral des *Einzigartigen* setzt sich im privaten Bereich durch. Zu Beginn des Irak-Krieges erschien ein polemisches Buch, das von einem der amerikanischen Neokonservativen, Robert Kagan, geschrieben war. Sein Titel: „*Macht und Ohnmacht*".

Der Autor legt darin dar, dass Geschichte auf zwei Arten interpretiert werden kann. Seine Prototypen sind Thomas Hobbes und Immanuel

Kant. Hobbes lebt in der realen Welt und weiß, dass der Mensch dem Menschen ein Wolf ist und nur der Gewalt gehorcht. Ganz anders ist Kant davon überzeugt, dass der Mensch vernünftig ist und seine Probleme mit Hilfe einer Rechtsordnung lösen kann. Kagan schließt daraus: „Das Vertrauen auf das Recht ist ein Selbstbetrug, mit dem der Schwache seiner Schwäche Würde zu verleihen versucht."

John Rawls wiederum hat eine noch andere Fassung des „ethischen Subjekts" abgegeben. Er behauptet, eine gerechte Norm sei diejenige, die eine Person so betrachtet, als würde sie deren reale Situation nicht kennen, also nicht wissen, ob sie Mann oder Frau, Kind oder Greis, Arbeiter oder Unternehmer, schwarz oder weiß ist. Auf diese Weise würden die Interessen aller in gerechter Weise geschützt. Wenn beispielsweise unter dem Vorzeichen der gerechten Norm über ein Gesetz zur Arbeitslosenunterstützung abgestimmt würde, so würden alle Stimmberechtigen sich darum bemühen, sich so zu entscheiden, als wüssten sie nicht, ob sie jemals selbst in diese Situation kämen. Diese Fiktion würde voraussetzen, dass zunächst ein Weg gefunden wird, um den Status eines „ethischen Subjekts" zu erlangen, und dieser Weg bestünde im öffentlichen Gebrauch der Intelligenz. Jürgen Habermas erreicht das auf eine noch andere Weise: über den Dialog. Gerecht wäre eine Norm, die durch Konsens erreicht wird, also nach einer Debatte, an der alle Betroffenen in einer Position der Gleichheit teilgenommen haben.

Alle diese Theorien verdeutlichen, wie ein „ethisches Subjekt" funktionieren könnte, das sich darum bemüht, Gerechtigkeit zu erzielen – aber sie sind völlig unwirksam gegen ein Individuum, das sich hinter seiner privaten Intelligenz verschanzt und behauptet: „Mit mir geht das nicht. Jeder soll seine Sachen so regeln, wie er kann." Es ist daher einleuchtend, dass sich ein Individuum weigern kann, vom privaten Bereich in den öffentlichen Bereich überzugehen, es sei denn, es sieht sich dazu genötigt. Diese Haltung des Einzelnen zwingt die Gesellschaft dazu, eine Hierarchie zwischen privatem und öffentlichem Gebrauch der Intelligenz zu bestimmen und die Beziehung zwischen beiden Ebenen deutlich zu formulieren. Im Konfliktfall stellt sich damit die Frage: Welche von beiden Arten des Gebrauchs muss ich wählen, um weder in engelsgleiche Entrückung noch in diabolischen Egoismus zu verfallen? Von diesem Konflikt wird das nächste Kapitel handeln.

VII. Intelligente Gesellschaften und dumme Gesellschaften

1

Dieses Kapitel, das für Sie vielleicht das mühseligste wird, erweckt in mir eine besondere Euphorie. Ich möchte nämlich nun die große Schöpfung der gesellschaftlichen Intelligenz untersuchen. Bis jetzt habe ich Intelligenz nur als eine individuelle Fähigkeit behandelt, die privat oder öffentlich sein kann, ohne dazu aus ihrem privaten Umkreis herauszutreten. Im ersten Fall stützt sich ihr Handeln auf private Beweise, sie wird von privaten Werten geleitet und strebt nach privaten Zielen. Im zweiten Fall sucht sie allgemeingültige Beweise, lässt sich von objektiven Werten leiten und strebt nach gemeinschaftlichen Zielen. In beiden Fällen spreche ich – vergessen Sie das bitte nicht – von einer individuellen Intelligenz, die personengebunden ist. Selbst ein von der Welt abgekehrt lebender Einsiedler kann in seiner Einsamkeit allgemeingültige Wahrheiten suchen, also seine Intelligenz öffentlich gebrauchen, obwohl er alleine ist.

Nun dagegen möchte ich von der sozialen Intelligenz sprechen, die von Gruppen, Vereinigungen oder Gesellschaften ausgeht und die es uns erlaubt, zwischen intelligenten und dummen Gesellschaften zu unterscheiden. Beispiele für ein Scheitern der gemeinschaftlichen Intelligenz sind die spanische Gesellschaft des achtzehnten Jahrhunderts, die schrie: „Es leben die Ketten!" und die französische Gesellschaft, die der kriegslüsternen und geldgierigen Wut Napoleons Beifall spendete; die deutsche Gesellschaft, die Hitler zujubelte und sich von seinen Fieberphantasien anstecken ließ. Aber auch die fortgeschrittene Industriegesellschaft, die ein Wirtschaftssystem errichtet, das unumkehrbar die Natur ausplündert und eine soziale Ordnung schafft, die das Arbeitsleben und das Familienleben unvereinbar macht, oder die Globalisierung, durch die das Gefälle zwischen reichen und armen Ländern immer größer wird.

Gehen wir Schritt für Schritt vor. Unter sozialer, gemeinsamer oder
gemeinschaftlicher Intelligenz – oder wie immer man sie nennen möchte – verstehe ich nicht die Intelligenz, die sich mit sozialen Beziehungen
befasst, sondern jene, die aus ihnen hervorgeht. Es handelt sich dabei, so
könnten wir sagen, um eine Gesprächs-Intelligenz. Wenn zwei Menschen miteinander reden, bringt ein jeder sein Wissen, seine Fähigkeit
und seine Brillanz ein. Aber das Gespräch ist nicht die Summe beider
Personen. Diese Interaktion beflügelt die Dialogpartner oder deprimiert
sie. Wir alle haben schon erlebt, dass bestimmte Beziehungen unser
Denken stimulieren: Uns fallen beispielsweise mehr Dinge ein und wir
entwickeln einen unerwarteten Scharfsinn. Wenn dagegen eine Unterhaltung in die Mittelmäßigkeit, den Klatsch oder die Routine abrutscht,
gehen wir aus der Begegnung mit anderen Menschen verstimmt und
irgendwie frustriert heraus. Obwohl ich als Mensch in beiden Situationen derselbe bin, hat die eine Unterhaltung das Beste in mir aktiviert
und die andere das Schlechteste. José Ortega y Gasset sagte einmal einen
Satz, von dem nur die erste Hälfte allgemein bekannt ist, während der
Rest in Vergessenheit geriet: „Ich bin ich und meine Umstände", so lautet der Beginn des Satzes, der wie folgt endet: „Und wenn ich meine
Umstände nicht retten kann, dann kann ich mich nicht retten."

Die soziale Intelligenz ist ein Phänomen, das sich spontan entwickelt. Ich gestehe, dass ich diesen Gedanken aus der Welt der Wirtschaft übernommen habe. Es waren angelsächsische Management-Spe-
zialisten, die vor Jahren einen brillanten Begriff geprägt haben, um Organisationen zu definieren, die lernen: *learning organizations.* Und diese
Bezeichnung hat sich als sehr nützlich erwiesen. Selbst wenn die Japaner lieber von Organisationen sprechen, die Wissen erzeugen, so stimmen sie an einem Punkt mit den angelsächsischen Management-Spe-
zialisten überein: Es gibt intelligente Unternehmen und dumme Unternehmen. Betriebe, die geschickt mit Informationen umgehen, erkennen
schneller mögliche Probleme und sind fähig, diese rasch und wirksam
zu lösen. Sie fördern die Kreativität und erreichen ihr Ziel – nämlich
Wertschöpfung – und erfüllen damit gleichzeitig die Erwartungen ihrer
Aktionäre. Die dummen Unternehmen gehen in Konkurs.

Intelligente Unternehmen schaffen es, dass eine Gruppe von Personen – die vielleicht gar nicht außergewöhnlich ist – außergewöhnliche

Ergebnisse erzielt. Und zwar allein aufgrund der Art und Weise, wie zusammengearbeitet wird. Intelligente Organisationen sind daran zu erkennen, dass in ihnen die individuellen Talente der Einzelnen mit Hilfe einer anregenden und fruchtbaren Interaktion entwickelt und genutzt werden. Insofern ist es nicht verwunderlich, dass man schon von „intellektuellem Kapital" zu sprechen beginnt wie von einem großen wirtschaftlichen Aktivposten, mehr noch, wie vom einzig wirklichen Reichtum.

Mir erscheint es sehr sinnvoll, diese Vorstellung auf alle Organisationen, Gruppen, Institutionen oder Gesellschaften zu übertragen. Denn es gibt intelligente Partnerschaften und dumme Partnerschaften, intelligente Familien und dumme Familien, intelligente Gesellschaften und dumme Gesellschaften. Das Beurteilungskriterium ist immer dasselbe. Die intelligenten Gruppierungen gehen mit Informationen besser um, sie passen sich also besser an die Wirklichkeit an, nehmen Probleme eher wahr, finden wirksame Lösungen und setzen diese in die Praxis um. So treffen wir also, zusammen mit der persönlichen Intelligenz (die privat oder öffentlich genutzt werden kann) auf eine soziale Intelligenz, die ebenfalls Erfolg haben oder scheitern kann.

2

Kann man überhaupt von „sozialer Intelligenz" sprechen, ohne damit in gefährliche Mythen zu verfallen, wie jene, die auch heute noch vom Geist der Nationen, der Rassen oder der Klassen fabulieren? Man kann. Und das ist nicht nur möglich, sondern sogar notwendig. Um zu erläutern, was ich unter sozialer Intelligenz verstehe, benutze ich ein einzigartiges Beispiel: die Sprache. Sie ist eines der faszinierendsten Geheimnisse der Gesellschaft. Wer hat sie geschaffen? Wem ist die großartige Erfindung des Konjunktivs oder des Adverbs oder des Passivs eingefallen? Keinem und allen. Sprachen sind – wie Kulturen – kollektive Schöpfungen, vergleichbar mit Waben in einem Bienenstock, dessen Bienen ja auch jeweils einzelne und unabhängige Subjekte sind. Die andauernde, allgemeine und allgegenwärtige Notwendigkeit, sich miteinander zu verständigen, führt zur Erfindung von immer wirkungsvolleren Arten, das zu tun, und die Gemeinschaft akzeptiert und verfeinert dieses aus ihr entstandene Kommunikationsmittel. Soziale Intelligenz ist also ein dichtes Netz von Interaktionen zwischen intelligenten Individuen. In diese Interaktion bringt jeder Einzelne seine Fähigkeiten und sein Wissen ein und geht bereichert oder verarmt aus seiner Beziehung zu den anderen heraus. Es ist folglich eine große Unterhaltung im Chor, ein endloses Hin und Her zwischen unterschiedlichen Personen, passiven Individuen, revolutionären oder routinierten Gruppen, individuellen und kollektiven Ideen, die zusammengenommen eine gemeinsame *Schöpfung* ergeben, die zwar vom Kollektiv abhängt, jedoch von jedem einzelnen Mitglied des Kollektivs unabhängig ist. Haben Sie schon einmal darüber nachgedacht, wie sich eine Mode durchsetzt? Da gibt es einflussreiche Personen und Institutionen, Trendsetter, Meinungsmacher und die Massenmedien – letztlich jedoch beruht die Mode auf einer unbestimmten, aber sehr großen Zahl von mehr oder weniger freien Entscheidungen. Niemand kann beispielsweise einfach ein Wort in die Sprache einführen. Natürlich ist es möglich, einen Begriff zu erfinden und ihn zu benutzen oder seine Benutzung vorzuschlagen, aber ob eine neue Vokabel allgemein übernommen wird, hängt von den anderen ab. Die Interaktion intelligenter Individuen schafft einen neuen Typ von Intelligenz – die gemeinschaftliche oder soziale Intelligenz, die ihrerseits wiederum Schöpfungen hervorbringt: die Sprache, die Moral, die Sitten und Gebräuche, die Institutionen.

Es gibt keinen Geist der Völker oder etwas Ähnliches, sondern nur ein dichtes Gewebe vielfältiger Ideen. Dennoch erzeugt dieser unbestimmt hin- und hergehende, reichhaltige Austausch stabile Normen, die das Ergebnis von Erfindung, Überlegung, Kritik, Überarbeitung, Gegenüberstellung, Erprobung, Austausch, Wiederholung, Zurückweisung und Umkehr sind. Es handelt sich um Regeln, die aus Utopien, Forderungen, Verurteilungen und Untersuchungen entstanden sind, die von Freidenkern, Wissenschaftlern, Dummen, Heiligen, Bösewichtern, Opfern, Henkern oder von Otto Normalverbraucher eingehalten werden, und die so eine dauerhafte zweite Wirklichkeit erschaffen. Theoretiker, die – übrigens häufig mit Übertreibungen – von der Errichtung der Wirklichkeit sprechen, beziehen sich mit ihren Thesen auf die Arbeit dieser zahllosen und namenlosen Menschen.

3

Woran erkennen wir, dass eine Gesellschaft scheitert? Menschliche Wesen sind im tiefsten Inneren sozial. Hinzu kommt, dass die Gesellschaft mit ihren Vorteilen und Ansprüchen, ihren Verwicklungen und Risiken das Gehirn und das Herz der Menschen geformt, erweitert und kultiviert hat. Wir sind geprägt von unserem Nervensystem und von der Kultur. Sprache und Freiheit sind soziale Schöpfungen. Aber abgesehen von dieser ureigenen Sozialisation wollen die menschlichen Wesen auch ganz bewusst in Gesellschaft leben, weil ihnen so mehr Lebensmöglichkeiten zur Verfügung stehen. „Niemand sondert sich ab, um unglücklich zu sein", sagten die Philosophen der Aufklärung, und die Revolutionäre von 1789 bestätigten das erfreut in ihrer Verfassung: „Das Ziel der Gesellschaft ist das allgemeine Glück." Die Gemeinschaft – um einen klassischen Ausspruch zu benützen – ist die Quelle der Lösungen. Ein einzelner Mensch kann nicht überleben. Daher ordnet er sich auf der Suche nach seinem ganz privaten Glück dem öffentlichen Bereich unter, und dies hat weitreichende Folgen.

Eine Folge davon ist, dass er seine Ziele, sein Bestreben und sein Verhalten mit den Zielen, den Bestrebungen und dem Verhalten der anderen abstimmen muss. Diese fortwährende Interaktion ist die Grundlage der sozialen Intelligenz. Von ihr hängt das intellektuelle Kapital einer Gesellschaft, ihre Ressource, ab. Ich kann Ihnen dazu eine einfache und einprägsame Formel liefern:

Soziale Intelligenz = persönliche Intelligenzen + Systeme der öffentlichen Interaktionen + Organisationen der Macht.

Eine Gesellschaft, deren Mitglieder aus wenig intelligenten, plumpen, unwissenden und trägen Individuen ohne Fähigkeit zur Kritik bestehen, wird keinen einzigen Test der sozialen Intelligenz bestehen. Ebenso wenig wie eine Gesellschaft, die sich aus egoistischen und gewalttätigen Genies zusammensetzt. Nur der öffentliche Gebrauch der privaten Intelligenz vermehrt das intellektuelle Kapital einer Gemeinschaft. In seiner Eigenschaft als Bürger richtet sich das Individuum in seiner neuen Umgebung ein – beispielsweise in der Stadt, die nicht eine Ansammlung

von in sich geschlossenen Einheiten ist, sondern zwangsläufig ein
System der vielfältigsten Kommunikation, in dem jeder jeden beeinflusst – zum Guten oder zum Schlechten. Auch die Verfahren der öffentlichen Interaktion prägen die soziale Intelligenz. Eine Gemeinschaft, die
pausenlos von hektischem Austausch bestimmt wird, ist etwas ganz anderes als eine Gemeinschaft im Dialog; eine kleinkarierte Gemeinschaft
wird nicht in der Lage sein, große Ideen hervorzubringen. Schlechte Re-
gierungen können eine Gesellschaft in einen Abgrund von Dummheit
stürzen, was vor allem deshalb tragisch ist, weil dann Unschuldige für
die Fehlleistungen der Machthaber bezahlen. Noch immer erscheint es
unglaublich, was Hitler mit Deutschland, Stalin mit Russland, Pol Pot
mit Kambodscha und – das könnten wir hinzufügen – Alexander der
Große mit Makedonien, Caligula mit Rom, Napoleon mit Frankreich
und die Päpste der Renaissance mit der Kirche gemacht haben.

Alle Bürger jedoch wollen, dass sich ihre Gemeinschaft eines großen
intellektuellen Kapitals erfreut, weil nur so die notwendige Intelligenz
zur Lösung von Problemen, die letztendlich alle betreffen, bereitgestellt
werden kann. Die Geschichte der Menschheit kann somit als immer-
während Anstrengung interpretiert werden, intelligentere Formen des
Zusammenlebens zu schaffen, sowie – und das zeigt die Erfahrung – als
eine Chronik ihres Scheiterns und ihrer Erfolge.

In den archaischen Kulturen stand das Gemeinwesen an erster Stelle,
und alle Bürger ordneten sich ihm unter. Diese Vorstellung setzte sich
auch noch im totalitären Staat des vergangenen Jahrhunderts durch,
wobei der Machthaber als Garant aller Rechte des Individuums die Gesetze wieder außer Kraft setzen konnte – wenn er wollte. „Der Staat ist
alles, der Einzelne nichts", so lautet eine anerkannte faschistische Maxime. Gegen diese Tyrannei rebellierte die soziale Intelligenz; sie vertei-
digte ihre zuvor errungenen individuellen Rechte gegen den Staat und
befreite sich vom Gift der Unterwerfung. So kristallisierte sich die Vorstellung von der Unantastbarkeit der Menschenwürde heraus. Wahr-
lich, ein später Erfolg der sozialen Intelligenz. Wie kam es zu dieser
Leistung? Woher nahm die gemeinschaftliche Intelligenz die Kraft und
die intellektuelle Kapazität, eine so brillante Idee zu gebären? Genau:
aus der Intelligenz ihrer Bürger. Es waren die Bürger, die sich zu einem
Gemeinwesen zusammenschlossen, weil sie bessere Bedingungen zur

Erreichung ihrer speziellen Ziele suchten – mit anderen Worten: zu ihrem Glück – und die nicht zulassen konnten, dass sich ihr Gemeinwesen in eine Quelle des Unglücks wandeln würde. Da sie das Gemeinwesen als Bedingung ihres Glückes erkannt hatten, wehrten sie sich gegen die Tyrannei. Das individuelle Glück besteht grundsätzlich in der harmonischen Verwirklichung zwei großer menschlicher Motivationen: Wohlbefinden und Erweiterung der Möglichkeiten. Und für beides brauchen wir die Hilfe des Gemeinwesens, und beides scheitert, wenn uns diese Hilfe nicht gewährt wird.

In dummen Gesellschaften verringern die gültigen Überzeugungen, die Arten der Konfliktlösung, die Wertsysteme oder die Lebensweise die Möglichkeiten der privaten Intelligenzen.

In einer der Vernunft beraubten oder korrumpierbaren Gesellschaft sind diese Effekte erkennbar, wie auch in süchtigen Gesellschaften – und nach Meinung von Fachleuten ist die unsere eine solche. Die Anfälligkeit für Suchtverhalten ist insbesondere ein kulturelles Phänomen. Arnold M. Washton, ein bekannter Fachmann, hebt hervor: „Mehr und mehr Menschen werden sich allmählich dessen bewusst, dass unsere nationale Gier nach chemischen Produkten nur ein Aspekt unseres nationalen Problems von Suchtverhalten ist: *nicht nur der rechtswidrige Gebrauch von Drogen.*"

Ich habe häufig gesagt, dass Drogen an sich nicht ein Problem sind, sondern die schlechte Lösung eines Problems. Washton schreibt: „Die Tatsache, dass wir Belohnung auf dem Weg über die Sucht suchen, enthüllt uns etwas über den sozialen Zusammenhang, in dem dies geschieht: *kollektiv greift man auf Elemente zurück, die den Bewusstseinszustand verändern, um reale und legitime Bedürfnisse zu befriedigen, die im sozialen, wirtschaftlichen und spirituellen Bereich unserer Kultur nicht hinreichend befriedigt werden.*"

Suchtverhalten ergibt sich aus einer Mischung der „Mentalität der sofortigen Regelung" und einem „Gefühl der Ohnmacht". Annie Gottlieb schreibt in ihrer Studie über die Generation der sechziger Jahre „*Do You Believe in Magic?*":

„Es ist das bitterste Vermächtnis, das die Drogen unserer Generation hinterlassen haben: die Sehnsucht, von oben ein Leben voller

Auf und Ab zu ‚überfliegen‘. Die Drogen waren wie ein Hub-
schrauber, der uns im Himalaja absetzen würde, um den Ausblick
zu genießen, ohne dass wir den Aufstieg machen mussten. Diese
Erfahrung hinterließ uns über Jahre mit einer Gier nach Ekstase,
einer Ungeduld in irdischen Angelegenheiten, einem Misstrauen
gegenüber einem Erfolgserlebnis durch Anstrengung. Diejenigen,
die eine Abkürzung durch die Welt der Verzauberung nahmen,
kostete es sehr viel, zu lernen, dass man Geduld, Ausdauer und
Disziplin haben muss, um das Exil in der gewöhnlichen und normalen Welt zu ertragen.“

Ein weiteres Problem will ich nicht auslassen. Gewährleistet die soziale
Akzeptanz, dass eine Lösung gut ist? Um es rundheraus zu sagen: nein.
Es stimmt nicht, dass die Mehrheit immer Recht hat und dass das Volk
sich niemals irrt, wie ein politisch korrekter Diskurs mit bedenklicher
Leichtfertigkeit sagt. Eine Gesellschaft voller Ressentiments, Neid, Fa-
natismus oder Rassismus kann sich kollektiv irren, und ein einziger
Mensch kann gegenüber der ganzen Welt im Recht sein.

Daher müssen wir uns, wenn wir von Erfolg oder Scheitern der kollektiven Intelligenz sprechen, auf irgendein Bewertungskriterium berufen, wobei ich das folgende vorschlage: *Wir müssen der sozialen Intelligenz die höchste Priorität zugestehen, wenn sie Lebensformen vorschlägt,
die ein aufgeklärtes und tugendhaftes Individuum bei vollem öffentlichem
Gebrauch seiner Intelligenz für gut befindet, nachdem es die verfügbare
Information kritisch genutzt hat.* Wie der erfahrene Leser sicher gemerkt
haben wird, handelt es sich hier um einen streng aristotelischen Vor-
schlag, aber einen, der die Gedanken von Rawls, Habermas und anderen Theoretikern einschließt. Lächeln Sie nicht über meinen Rückgriff
auf die Tugend. Genau das erwarten wir doch von einem Richter, um
ihm vertrauen zu können: Neutralität, Objektivität, Gerechtigkeit und
das peinlich genaue Studium der Umstände – und all das sind Tugen-
den, also Gewohnheiten, die ein vollkommenes Urteil möglich machen.

Doch wenn zu guter Letzt der Richter eine konkrete Person sein
muss, warum messe ich dann der kollektiven Intelligenz eine so große
Bedeutung bei? Weil die Komplexität der Gesellschaft verhindert, dass
eine einzelne Intelligenz alle verfügbaren und notwendigen Informatio-

nen verarbeitet. Vor allem persönliche Erfahrungen und gerade die Vielfalt der Umstände sowie die praktische Überprüfung vorgeschlagener Theorien sind für eine gerechte Lösung von Problemen unerlässlich. Zu dieser Einsicht hat mich ein so strenger Rationalist wie Jacques Maritain gebracht, der nach dem Versuch, ethische Prinzipien zu beurteilen, davon überzeugt war, dass „der wichtigste Faktor im moralischen Fortschritt der Menschheit die experimentelle Weiterentwicklung des Wissens ist, die am Rande der philosophischen Systeme verzeichnet ist". Insofern kann die endgültige Bestätigung der Theorie nur in der praktischen Durchführung erfolgen. Ich habe immer wieder darauf hingewiesen, dass die Geschichte der Prüfstein der normativen Systeme ist. Viele Überzeugungen, die in einer bestimmten Epoche mehrheitlich akzeptiert waren, wurden letztlich – nach einer langen und oft schrecklichen Erfahrung – zurückgewiesen. Wir sind gebrannte Kinder. In uns stecken die Erfahrungen der Geschichte. Ich könnte hierzu eine Vielzahl von Beispielen anführen: die Sklaverei, die Diskriminierung von Frauen oder Farbigen, die Unkenntnis der Rechte von Kindern, das Gottesgnadentum der Könige, die konfessionellen und theokratischen Staaten, der Prozess der Ächtung, auf den sich die religiösen Dogmatismen berufen, die Vorstellung von der Überlegenheit einer Rasse, der Vollzug der Folter als legitimes juristisches Verfahren und viele andere. Der Einfluss dieser unsinnigen, irrigen oder perversen Überzeugungen stellt ein einziges Scheitern der sozialen Intelligenz dar.

Wie beim Individuum kann auch das Scheitern der Gesellschaft im kognitiven, affektiven oder operativen Bereich liegen. Das folgende Kapitel mag daher als Gedächtnisstütze für das bereits Gesagte dienen.

4

Kognitives Scheitern: Intelligenz scheitert im kognitiven Bereich, wenn sie sich hinter Überzeugungen verbarrikadiert. Vor allem Vorurteile, Aberglaube, Dogmatismus und Fanatismus sind mehr soziale als persönliche Phänomene, und es gibt Kulturen, die sie fördern und schützen. Religiöse Intoleranz beispielsweise wiederholt ein übers andere Mal dieselben Verhaltensweisen. Der Schwache fordert die Freiheit, die ihn vor dem Tyrannen schützt, aber wenn er selbst an die Macht kommt, vergisst er alles, was er vorher gefordert hat. Die ersten Christen, grausam verfolgt vom Hohen Rat der Juden und vom römischen Kaiserreich, forderten Toleranz. Noch zu Beginn des 3. Jahrhunderts schreibt Tertullian: „Sowohl durch das menschliche als auch durch das Naturgesetz ist ein jeder frei anzubeten, wen er will. Die Religion eines Individuums nützt oder schadet niemandem mehr als ihm selbst. Es widerspricht dem Wesen der Religion, sie mit Gewalt aufzuzwingen." Doch bereits im Jahr 313 verfügte Konstantin die gesetzliche Anerkennung der Christen, und ein Jahrhundert später ließ die Kirche, korrumpiert durch Macht und Einfluss, die Verfolgung Andersgläubiger zu. Die römischen Kaiser ächteten das Heidentum, damit wendete sich das Blatt, und gegen Ende des 4. Jahrhunderts waren die vornehmen Heiden diejenigen, die die Religionsfreiheit gegen jene verteidigten, die sie sich ein Jahrhundert zuvor erkämpft hatten. *„Uno itinere non potest perveniri ad tam grande secretum."* „Es gibt nicht nur einen Weg", rief der römische Konsul Symmmachus im Jahre 384 im römischen Senat aus, „auf dem die Menschen einem so großen Geheimnis auf den Grund kommen können!" Aber sie hatten das Spiel gegen das Christentum schon verloren.

Dieses Modell wiederholte sich im Protestantismus. Martin Luther berief sich auf die Gewissensfreiheit und die freie Entscheidung und schmetterte seine Thesen wie eine verheerende Keule gegen die Kirche. Zu dem Zeitpunkt, als er in Gefahr geriet und ihn die päpstliche Bulle traf, verteidigt er mit allem Nachdruck die Religionsfreiheit: „Man darf den Fürsten nicht gehorchen, wenn sie die Unterwerfung unter abergläubische Irrtümer fordern, ebenso wenig wie man ihre Hilfe fordern darf bei der Verteidigung von Gottes Wort." Einige Jahre später schon, als er sich stärker fühlte, vergaß er, was er gesagt hatte, und verlangte Hilfe von den Fürsten, um sich erbarmungslos an den Verdammten zu rächen. Die Lutheraner verfolgten unversöhnlich die Wiedertäufer, die ihrerseits alle anderen mit dem gleichen Eifer verfolgten, nachdem sie in Münster an die Macht gekommen waren.

Dasselbe geschah in der islamischen Welt. Selbst der Kampf zwischen Schiiten und Sunniten ist noch unentschieden, und in einigen Ländern, wie beispielsweise dem Sudan, wird von der Regierung ein

Vernichtungskrieg gegen die Christen geführt. Diese Ereignisse sind erschreckende Beweise des Scheiterns einer Intelligenz, die sich im Fanatismus verbarrikadiert hat und, unfähig aus Erfahrung zu lernen, ständig die gleichen Brutalitäten wiederholt.

Man könnte eine Geschichte der vergifteten Kulturen und Gesellschaften schreiben, die irrigen Überzeugungen anhängen und damit ungerechte Verhältnisse legitimieren. Zum Beispiel die radikale Trennung der Kasten, die in bestimmten Regionen Indiens noch immer andauert, oder die Diskriminierung aufgrund von Geschlecht oder Rasse. Nicht einmal Aristoteles, der große ethische Erzieher Europas, war gefeit gegen diese Art von Überzeugungen, denn er behauptete, die Sklavenhaltung gehöre zur natürlichen Ordnung:

Die Natur will auch die Körper der Sklaven und die der Freien verschieden gestalten, die einen kräftig für die notwendigen Arbeiten, die anderen aufrecht und unnütz für solche Tätigkeiten, aber nützlich für das politische Leben (*Politeia*, 1254b). •

Vor allem Überzeugungen die Sexualität betreffend liefern ein tragisches und aktuelles Studienobjekt. So erließ Heinrich Himmler 1936 ein Dekret, das besagte: „In unserem Urteil über die Homosexualität (Symptom der Dekadenz, das unsere Rasse zerstören könnte) müssen wir zum Leitprinzip zurückkehren: Ausmerzung der Dekadenten." Dementsprechend gab er den Befehl, Homosexuelle in Lager der Stufe 3 zu schicken, das heißt in Vernichtungslager. Nach Angaben der Lutherischen Kirche Österreichs wurden im Dritten Reich mehr als zweihunderttausend Homosexuelle ermordet. Doch diese Rechtswidrigkeit endet nicht mit dem Nazi-Regime: Nach dem Krieg gab es für die Überlebenden der Konzentrationslager eine großzügige Wiedergutmachung – mit Ausnahme der Homosexuellen, da diese weiterhin im Sinne der deutschen Gesetzgebung rechtlich als „Straftäter" galten. Bis mindestens zum Jahr 2000 stand auf männliche Homosexualität in Afghanistan, Pakistan, Tschetschenien, Saudi-Arabien, den Vereinigten Arabischen Emiraten, Iran, Jemen, Mauretanien und Sudan die Todesstrafe.

Intoleranz kommt immer einem Scheitern der Intelligenz gleich, was jedoch nicht bedeutet, dass im Gegenzug dazu die Toleranz immer ihr Triumph ist.

An dieser Stelle möchte ich mich mit Überzeugungen befassen, die nicht so blutige Folgen haben, die aber dennoch das Leben der Gesellschaften entscheidend beeinflussen. Die Art und Weise, wie eine Gesellschaft Intelligenz und Freiheit definiert, bestimmt auch ihre Haltung, wenn es darum geht, mit Problemen fertig zu werden. So konzentriert sich beispielsweise in der westlichen Welt ein großer Teil der Definitionen von Intelligenz auf kognitive Fähigkeiten, was in anderen Kulturen nicht vorkommt. Pierre Dasen hat die Überzeugungen der Amerikaner mit denen eines afrikanischen Stammes, der Baoulé, verglichen. Beide Gesellschaften verstehen unter Intelligenz die Fähigkeiten zu lesen und zu schreiben, den Einsatz des Gedächtnisses sowie die Begabung, Informationen schnell zu verarbeiten, aber die Baoulé glauben, dass diese Fähigkeiten nur dann von Bedeutung sind, wenn sie zum Wohl der Allgemeinheit eingesetzt werden.

Die Baoulé betonen – und darin stimme ich mit ihnen überein – die soziale Intelligenz, also die Intelligenz, die sich an der Zusammenarbeit mit anderen und am Dienst an der Gruppe orientiert.

Die Definition von Freiheit bestimmt ebenfalls die Intelligenz einer Gesellschaft. Der große Montesquieu sagt in Buch XI, 2 in „*Vom Geist der Gesetze*" über die Moskowiter in der Epoche von Peter dem Großen, dass „sie lange Zeit geglaubt haben, die Freiheit bestünde in dem Brauch, den Bart lang wachsen zu lassen". Möglicherweise haben wir gar nicht so große Fortschritte gemacht. Welchen Rang nimmt denn die Freiheit in der Hierarchie der Werte ein? Im Grunde genommen ist die Verherrlichung der Freiheit eine Schöpfung der westlichen Welt. Andere Kulturen ziehen der Freiheit ganz andere Werte vor: Friede, Eintracht und Gehorsam gegenüber den Gesetzen. Zudem hat in der westlichen Welt eine Vorstellung von Freiheit die Oberhand gewonnen, die häufig zu sozialem Scheitern führt, und die man wir folgt beschreiben könnte: *Nur die spontane Aktion ist frei.* Es ist nicht leicht, sich dieser Klarheit zu verweigern, dennoch enthält sie einen eklatanten Widerspruch, indem sie eine Vorstellung von Freiheit propagiert, die eigentlich die Freiheit aufhebt. Ein Fakt ist: Wenn das Verhalten nicht spontan ist, so ist es erzwungen. Andererseits aber steuern das Über-Ich, Erziehung, Normen oder die Moral der Gruppe die Freiheit und heben sie auf. Somit ist das Subjekt nicht frei. Aber es kommt vor, dass es in seinem spontanen Handeln ebenso wenig frei ist, weil seine Spontaneität nur ein Reflex ist. Was wir Natürlichkeit nennen, ist nichts anderes als die Bestimmung durch die Natur. Und in dieser Paradoxie sind wir gefangen: wenn ich frei sein will, kann ich weder spontan noch kontrolliert sein. Diese trügerische Vorstellung von Freiheit führt zu der Schlussfolgerung, dass man nur dann frei ist, wenn man sich von allen Fesseln befreit. Aber genau das ist die Negation der gemeinschaftlichen Intelligenz, ist ihr Scheitern.

5

Emotionales Scheitern. Die Gesellschaften fördern verschiedene affektive Stile und daher gibt es friedfertige und kriegerische sowie egoistische und solidarische Kulturen. In „*Geschlecht und Temperament*" zeigt Margaret Mead zwei Modelle von sozialer Emotionalität. Die Arapesh sind ein kooperatives und freundschaftliches Volk. Sie arbeiten gemeinsam, das heißt alle für alle. Die Konzentration auf den eigenen Nutzen erscheint ihnen als widerlich. „Es gab nur eine Familie in dem Dorf", berichtet die Autorin, „die Gier nach dem Land zeigte, und ihre Haltung war für die anderen unverständlich". Man jagt, um das Essen einem anderen zu geben. „Der Mann, der isst, was er selbst erlegt, und sei es nur ein Vögelchen, das nicht mehr als einen Bissen hergibt, ist der niedrigste in der Gemeinschaft, und er ist so weit von jeder moralischen Grenze entfernt, dass man nicht einmal mit ihm zu diskutieren versucht."

Für die Arapesh ist die Welt ein Garten, den man kultivieren muss, und ich gestehe, dass meine Gärtnerseele immer wieder gerührt ist von dieser poetischen Vorstellung der Welt. Die Pflicht von Kindern und „Namnam" ist es zu wachsen. Die Pflicht aller Mitglieder des Stammes ist es, das Nötige zu tun, damit die Kinder und das „Namnam" wachsen. Männer und Frauen widmen sich gleichermaßen und mit stiller Zufriedenheit der Pflege der Kinder und dem Anbau von „Namnam". Die Kinder stehen im Mittelpunkt der Aufmerksamkeit, und die ganze Erziehung ist darauf ausgerichtet, sie emotional zu fördern. Den Kindern fehlt es an nichts, und es ist von großer Bedeutung, dass in ihnen ein Gefühl von Vertrauen und Sicherheit geweckt wird, damit sie zu gütigen und aufmerksamen Menschen erzogen werden. Man lehrt sie, der ganzen Welt zu vertrauen. Die Kinder verbringen viel Zeit bei den Angehörigen ihrer Familien, damit sie sich daran gewöhnen, dass die Welt voll von Verwandten ist.

Hundertsechzig Kilometer von den Arapesh entfernt leben die Mundugumor. Ein Stamm, der eine rauhe, unbehagliche und übellaunige Kultur entwickelt hat. Über alles scheinen sie sich zu ärgern, und dieser ständigen Wut ist auch nicht beizukommen, da die Organisation des Stammes so gestaltet ist, dass alle Unternehmungen die Missstimmung fördern. Allein die Beziehung zum anderen Geschlecht und das Miteinander in der Familie sind wie geschaffen dafür, unheilbare Konflikte heraufzubeschwören. Die Grundstruktur der Verwandtschaft heißt bei den Mundugumor *rope* und ist so aufgebaut, dass im zwischenmenschlichen Bereich Hass und Intrigen eine wichtige, wenn nicht die wichtigste Rolle spielen. Es fängt schon damit an, dass der Vater und die Mutter verschiedenen Familien vorstehen. Die *rope* des Vaters setzt sich zusammen aus seinen Töchtern, seinen Enkeln, seinen Urenkelinnen, seinen Ururenkeln, und so fort – immer abwechselnd weiblich und männlich. Bei der *rope* der Mutter ist es genau umgekehrt. Beide Familien hassen einander, und zwar wegen der Heiratsriten: Die Mundugumor tauschen eine Braut gegen eine Schwester, und die Söhne sehen in ihrem Vater einen gefährlichen Rivalen, weil dieser seine Töchter gegen einige jüngere Frauen für sich selbst tauschen kann. Umgekehrt aber sind auch die Söhne eine Gefahr für den Vater, für den deren Heranwachsen das Heranwachsen von Feinden ist. Insofern ist es nicht verwunderlich, dass es in jeder Hütte der Mundugumor eine verärgerte Frau und einige aggressive Söhne gibt, die ganz scharf darauf sind, ihre Rechte einzufordern und vom Vater dessen Ansprüche auf die Töchter erhalten wollen, übrigens das einzige Zahlungsmittel, um eine Braut zu kaufen. Man darf nicht unterschätzen, dass auch Nachrichten von „Liebesnächten" mit Widerwillen aufgenommen werden. Der Vater nämlich will nur Töchter, um seine *rope* zu vergrößern, und die Mutter will aus demselben Grund Söhne. Die Erziehung der Kinder ist eine minutiöse Vorbereitung auf diese lieblose Welt: sie findet nicht in Ruhe oder

Freude statt. Alle Mundugumor wissen, dass sie dem aus dem einen
oder anderen Grund mit ihrem Vater, mit ihren eigenen Brüdern, mit
der Familie ihrer Frau, mit der eigenen Frau streiten müssen. Und alle
kleinen Mädchen wissen, dass sie die Ursache der Streitigkeiten sind.
Das ist ihr zweifelhaftes Privileg.

Die affektiven Stile einer Gesellschaft bestimmen das Leben des Einzelnen, sie erweitern es oder schränken es ein.

Hass, Aggressivität, Neid, Ohnmacht und Wut führen Gesellschaften
in die Irre. Nach Ansicht des Politikwissenschaftlers Francis Fukuyama
hat sich seit den sechziger Jahren ein großer sozialer Umbruch vollzogen, was vor allem daran erkennbar ist, dass die Straffälligkeit zunahm,
immer mehr Familien auseinanderbrachen und das Vertrauen der Bürger untereinander geringer wurde. Diese drei Phänomene sind die
Folge eines tief greifenden Wandels, sind der Bankrott des gesellschaftlichen Kapitals und der gemeinschaftlichen Intelligenz, die mit ihrer
unguten Mischung aus schlechten Überzeugungen und düsteren Gefühlen allmählich mehr Probleme aufwarf, als sie zu lösen fähig war.
Gesellschaften können verdummen, wenn sie sich in einen angeneh-
men Hedonismus verschließen und wenn ihnen die drei grundlegenden Gefühle Mitleid, Achtung und Bewunderung fehlen. Mitleiden
heißt, sich durch den Schmerz anderer betroffen fühlen, und ist die
Grundlage jeden moralischen Verhaltens. Wer Mitleid als ein beschämendes Gefühl der Bevormundung ansieht, steuert seine Emotionen
falsch. Immer, wenn einer schreit, „Ich will kein Mitleid, sondern Gerechtigkeit", so vergisst er, dass es genau das Mitleid war, das ihm den
Weg zur Gerechtigkeit eröffnete. Achtung ist das angemessene Gefühl
gegenüber etwas Wertvollem. Es handelt sich dabei um eine aktive
Empfindung, die sich als Handlung voller Sorgfalt, Schutz und Hilfe
fortsetzt. Achtung erfasst die Würde des Menschen und erkennt sie
an. Wenn die Achtung verloren geht, verfällt man in die Banalität und
in ein Schmarotzertum. Bewunderung schließlich ist die Wertschät-
zung des Außergewöhnlichen. Ein falsch verstandenes Gleichheits-
prinzip hindert uns daran, andere Menschen hoch einzuschätzen.
„Niemand ist mehr als ein anderer" ist eine unbedachte und zyni-
sche Behauptung. Ein Mensch, der anderen hilft, ist nicht vergleichbar mit einem Menschen, der sie foltert. Hitler ist nicht mit Mandela

auf eine Stufe zu stellen. Ein Mangel an Bewunderung ist ein Zeichen von Verdummung. Rousseau hatte Recht, als er in einem Brief an Jean-Baptiste d'Alembert klagte: „Heutzutage, mein Herr, sind wir nicht mehr groß genug, um Euch zu bewundern."

6

Operatives Scheitern oder das Scheitern bei der Ausführung. Auch die soziale Intelligenz kann sich in ihren Zielen täuschen. Beispielsweise, wenn sie Mythen schafft, denen individuelle Rechte und das Glück des Bürgers zum Opfer fallen. Ein solcher Mythos war die Legende vom nationalen Ruhm. Jean-Baptiste Colbert, Minister von Ludwig XIV., schuf zwar ein leistungsfähiges Wirtschaftssystem in Frankreich, aber sein eigentliches Ziel war nicht der Wohlstand der Franzosen, sondern die Finanzierung der Expansionskriege des Königs. In seinem Plädoyer gegen Napoleon schrieb der Essayist Henri Guillemin: „Er musste das republikanische Volk, das er schon zum Schweigen gebracht hatte, mit der *gloire* blenden. Nicht nur kurzfristig, sondern auf Dauer. Das war ein gutes Verfahren, mit dessen Hilfe er an andere Dinge denken konnte als an seine wirkliche Situation." Wenn die NATION, die RASSE, die PARTEI, die KIRCHE oder das ALLGEMEINWOHL als Abstraktion auf höchster Ebene erstarren, wenn sie sich hinter Ehrfurcht gebietenden Großbuchstaben ducken, zerstören sie das gesellschaftliche Zusammenleben.

Gesellschaften können sich widersprüchliche Ziele setzen. So versuchte beispielsweise das Sowjetregime vergeblich, die Verstaatlichung der Wirtschaft mit ihrer Leistungsfähigkeit zu vereinbaren, was vor allem daran scheiterte, dass die Mechanismen des Marktes eine bessere Ausnützung der Information und eine produktivere Verwendung der Ressourcen gestatten.

Ein Scheitern der ausführenden Systeme kann entweder durch Übermaß oder durch Mangel bedingt sein. Ein Übermaß beispielsweise ist die Diktatur, die gelegentlich lustvoll von der Gesellschaft akzeptiert wird, was ein Scheitern ihrer Intelligenz befürchten lässt. Furcht führt zum Verlust der Freiheit, und Mangel führt in die Anarchie, weil letztendlich alle Kontrollsysteme zusammenbrechen, so dass als Ausgleich wieder eine Diktatur entsteht. Herodot berichtet, dass immer dann, wenn in Persien der Herrscher starb, für fünf Tage sämtliche Gesetze aufgehoben wurden. Das Unheil, das das Volk während dieses anarchischen Interregnums erlitt, ließ es das Auftreten eines neuen Herrschers herbeisehnen.

Wie ich schon häufig wiederholt habe, gipfelt die Intelligenz in der Lösung praktischer Probleme, besonders derjenigen, die sich auf das Glück des Einzelnen und auf die Würde des Zusammenlebens beziehen. Das gesellschaftliche Miteinander hat immer heftige Probleme aufgeworfen, die jede Kultur auf ihre Weise zu lösen versuchte.

Der Wert des Lebens, der Besitz und die Verteilung von Gütern, die Sexualität, die Familie und die Erziehung von Kindern, die Organisation der politischen Macht, die Behandlung von Geistesschwachen, Alten oder Kranken, das Verhalten gegenüber Fremden und die Beziehung zu den Göttern waren, sind und werden vermutlich auch in Zukunft der Stoff sein, aus dem Probleme entstehen. Die historische Entwicklung hat nach heftigen und oft grausamen Konflikten einen Weg gefunden, diesen unaufhörlichen Streit zu schlichten. Nachdem die gemeinschaftliche Intelligenz viele Irrwege durchlaufen hat, fand sie schließlich die beste Konfliktlösung: „Gerechtigkeit".

Ein Problem zu beenden ist nicht dasselbe, wie ein Problem zu lösen. Eine Auseinandersetzung um eine Wiese beispielsweise ist zu Ende, wenn einer der Streithähne seine Flinte nimmt und den anderen erschießt. Damit ist das Problem beendet, aber noch lange nicht gelöst. Der Satz „Wenn der Hund tot ist, hört die Tollwut auf" gilt nur für Hunde, weil es hier darauf ankommt, dass der Bazillus der Tollwut verschwindet.

Ein Problem dagegen ist erst dann gelöst, wenn seine Beendigung die Werte des Zusammenlebens unangetastet lässt. Andernfalls wird es sich fortpflanzen. Der israelische Schriftsteller Amos Oz gibt eine Unterhaltung mit einem Landsmann wieder, der eine Politik der Gewalt verteidigt. Die These dieses Falken ist, dass man zur Erlangung des ersehnten Friedens den Feind vernichten müsse, notfalls mit Atomwaffen, und dass jede Verzögerung dieser Aktion nur eine Verlängerung des Leidens bedeute:

Ich bin bereit, freiwillig die schmutzige Arbeit für das Volk von Israel auf mich zu nehmen, die Araber – was notwendig ist – zu töten, sie zu vertreiben, zu verfolgen, zu verbrennen, uns verhaßt zu machen ... Schon heute könnten wir das alles hinter uns haben, wir könnten ein normales Volk sein mit vegetarischen Werten ... und mit einer ein bißchen kriminellen Vergangenheit wie alle: wie die Engländer und die Franzosen und die Deutschen und die Bürger der Vereinigten Staaten, die schon vergessen haben, was sie den Indianern angetan haben, wie die Australier, die fast alle Aborigines ausgerottet haben, wer nicht? Was ist schlecht daran, ein zivilisiertes Volk zu sein, angesehen, mit einer leicht kriminellen Vergangenheit? Das kommt in den besten Familien vor.

Der so genannte Falke hat Recht, wenn er sagt, dass dies im Laufe der Geschichte die übliche Politik war. Immer wieder wurden so Probleme beendet – gelöst aber wurden sie auf diese Art und Weise nie. Deshalb bleibt die Geschichte der Menschheit auch weiterhin so blutbesudelt, wie sie es immer war: dieses hartnäckige Beharren auf der verbreiteten Politik ist ein grausames Scheitern der Intelligenz.

7

Der Triumph der persönlichen Intelligenz ist das Glück, und der Triumph der sozialen Intelligenz ist die Gerechtigkeit. Beide sind durch eine fast vergessene Verwandtschaft miteinander verbunden. Hans Kelsen, einer der großen Juristen des vergangenen Jahrhunderts, hat das wie folgt beschrieben:

„Die Suche nach Gerechtigkeit ist die ewige Suche nach dem menschlichen Glück. Es ist ein Glück, das der Mensch nicht allein finden kann, und deshalb sucht er es in der Gesellschaft. Die Gerechtigkeit ist das soziale Glück, gewährleistet durch die soziale Ordnung."

Daher ist das politische Glück eine unabdingbare Voraussetzung für das persönliche Glück. Wir müssen unser ureigenstes Vorhaben – persönliches Glück – verwirklichen, indem wir es in gemeinschaftliche Unternehmungen einbringen. Nur den Einsiedlern aller Zeiten und aller Religionen hat es genügt, ihr Innerstes in völliger Selbstgenügsamkeit auszuleben. Sie waren Meister im Loslassen. Aus all dem ergibt sich:

Intelligent sind die gerechten Gesellschaften. Und dumm die ungerechten. Wenn die Intelligenz das Glück als Ziel hat – privat oder öffentlich –, so bringt jedes Scheitern der Intelligenz Unglück. Das private Unglück ist der Schmerz. Das öffentliche Unglück ist das Böse, also die Ungerechtigkeit.

8

Eine Voraussetzung für Gerechtigkeit ist die richtige Antwort auf die Frage, ob die individuelle oder die gesellschaftliche Ebene die höchste Priorität hat. Bereits gegen Ende des vorigen Kapitels tauchte die Frage auf, ob der individuellen oder der gesellschaftlichen Ebene dieser Vorrang gebührt. Eine Spannung zwischen dem Einzelnen und der Gesellschaft ist unvermeidlich, und ein Individuum, das die Aufnahme in eine Gemeinschaft anstrebt, um seine Freiheit auszuweiten, wird mit einer Bürde von Pflichten nach Hause zurückkehren, was in ihm eine gewisse Gereiztheit auslösen dürfte. Ich bin daher davon überzeugt, dass schwerwiegende Fälle des Scheiterns auftreten, wenn die soziale Intelligenz diese Spannung nicht wirksam löst.

Dabei stellt gerade der extreme Relativismus eine soziale Falle dar, da die Vorstellung, er sei ein Zeichen von politischem Fortschritt, und die Grundlage der Demokratie sei eine Gleichwertigkeit aller Meinungen, in sich unlogisch und widersprüchlich ist. Wenn wirklich alle Meinungen gleichwertig wären, so würden die Meinungen der Anti-Demokraten ebenso viel gelten wie die der Demokraten. Im Grunde genommen sind die europäischen Neofaschisten auf den postmodernen Zug aufgesprungen. Hören Sie, was Jean-Yves Gallou zu sagen hat: „Es gibt keine allgemeingültige Logik, die für alle vernünftigen Wesen zutrifft. Jedem ethnischen Substrat entspricht eine eigene Logik, eine eigene Sicht der

Welt." Der kulturelle Relativismus, so befreiend er auf den ersten Blick zu sein scheint, endet im Nazismus.

Auch Noam Chomsky, dessen Einsatz für die Demokratie und gegen den Imperialismus niemand anzweifeln wird, hat den reaktionären Charakter dieses scheinbaren Fortschritts scharf angegriffen:

> „Heutzutage trachten die Erben der linken Intellektuellen danach, die Arbeiter der Instrumente zu ihrer Emanzipation zu berauben, und sie informieren uns, dass das Vorhaben der Enzyklopädisten gestorben sei, dass wir die Illusionen der Wissenschaft und des rationalen Denkens aufgeben müssen, eine Botschaft, die die Mächtigen mit Wonne erfüllen wird, da sie von dem Gedanken hingerissen sind, diese Instrumente ausschließlich zu ihrem eigenen Gebrauch zu nutzen."

Ein noch schwerer wiegender Angriff auf die soziale Intelligenz sind jene demoralisierenden Überzeugungen, die nicht nur die Notwendigkeit, sondern auch die Möglichkeit leugnen, uns über die Vorstellung von Gerechtigkeit zu einigen. Durch die westliche Moral sind wir dem Irrtum einer aufgeklärten Paradoxie aufgesessen, indem wir als obersten Wert die persönliche Autonomie festgelegt haben, was die Macht der allgemeingültigen Normen schwächt, die eine Ebene über der persönlichen Autonomie stehen sollten. Der Bach lässt die Quelle versiegen, der er entspringt. Sophokles hat das schon in „*Antigone*" dargestellt. Die Heldin hört auf ihr Gewissen und stellt sich daher den Gesetzen der Gemeinschaft entgegen. Der Chor weist sie zurecht und nennt sie *autónomos*, was nach Tadel und nicht nach Lob klingt. Antigone hat sich durch ihren Hochmut hinreißen lassen und ihr individuelles Gesetz über das allgemeine Gesetz gestellt. Die gleiche Paradoxie ist auch in der Geschichte des Christentums zu finden, da einerseits die kirchliche Lehre von der persönlichen Verantwortung zur freien Willensentscheidung führt, die sich andererseits jedoch in eine Instanz gegen die kirchliche Lehre verwandelt. Wenn es zu einer Konfrontation zwischen der etablierten moralischen Norm und meinem moralischen Gewissen kommt, muss letzteres den Vorrang haben. Ein solches Paradoxon hat sogar in die Gesetzgebung Eingang gefunden. Der „Einwand aus Gewissensgründen" ist eine juristische Paradoxie, denn dadurch wird dem Gesetz in gewissen Fällen nicht Genüge getan.

Die soziale Intelligenz hat also den Wert der Gewissensfreiheit entdeckt und damit das eigene Gewissen als oberste Richtschnur für das Verhalten eingeführt. Das ist gleichermaßen wahr und absurd, wie man sieht. Das Einmalige, was dieses Recht schützt, ist die persönliche Suche nach Wahrheit. Die schützt es, aber es zwingt auch dazu.

Hier schließt sich der Kreis meiner Argumentation. Als ich von persönlicher Intelligenz sprach, habe ich zwischen einem privaten und einem öffentlichen Gebrauch unterschieden. Der individuelle Gebrauch der Intelligenz sucht nach privaten Beweisen, wird von persönlichen Werten geleitet und verfolgt eigene Ziele. Der öffentliche Gebrauch sucht nach allgemeingültigen Beweisen, wird von öffentlichen Werten geleitet und verfolgt gemeinsame Ziele. Gemeinschaftliche Intelligenz bedeutet also, dass eine ihrer großartigsten Schöpfungen, die Gerechtigkeit, einen öffentlichen Gebrauch der Intelligenz benötigt.

Die Gewissensfreiheit erlangt ihre völlige Legitimation nur dann, wenn das Gewissen sich dazu verpflichtet, nach der Wahrheit zu suchen, fremde Argumente anzuhören, vernünftige Darlegungen zu berücksichtigen und sich tapfer dem Beweis zu beugen, selbst wenn dieser dem eigenen Gewissen zuwiderläuft. Eine solche Gewissensfreiheit überwindet die Mauern der Privatheit und dient der gemeinschaftlichen Intelligenz. Im entgegengesetzten Fall kann das Recht auf Gewissensfreiheit zu Halsstarrigkeit und Fanatismus führen, und das sind, wie wir schon gesehen haben, die großen Niederlagen der Intelligenz. Der öffentliche Gebrauch der Intelligenz tritt aus der Welt der privaten (Vor-)Urteile heraus – in der die Fallen der Launenhaftigkeit, der Verblendung und des Egoismus lauern –, um nach jenen Beweisen zu suchen, die verallgemeinerbar sind und die für alle menschlichen Wesen gelten. An dieser Stelle möchte ich noch einmal an die Botschaft von Antonio Machado erinnern:

In meiner Einsamkeit
habe ich viele Dinge klar gesehen,
die nicht wahr sind.

9

Unsere Welt – zerrissen vom Aufeinanderprallen der Kulturen – muss wissen, woran sie sich halten soll. Private Überzeugungen sind so lange legitim, wie sie andere Personen nicht beeinträchtigen, andernfalls müssen sie sich allgemeingültigen Beweisen unterwerfen. Wie wichtig es ist, dieses Prinzip anzuerkennen, wird in besonderer Schärfe bei religiösen Auseinandersetzungen deutlich. Auch wenn der Leser sich an dieser Stelle des Buches erschöpft fühlen mag, so bitte ich ihn noch um eine letzte Anstrengung der Aufmerksamkeit, weil ich einiges über die Wahrheit erläutern will.

Normalerweise gehen wir davon aus, dass Wahrheit die Übereinstimmung zwischen einem Gedanken und der Wirklichkeit ist, aber diese einleuchtende Behauptung lässt doch vieles außer Acht. Deshalb würde ich Wahrheit lieber als die offensichtliche Manifestation eines Objekts, das von einer subjektiven Gewissheit begleitet wird, definieren. Das erste Prinzip einer Erkenntnistheorie lautet: „Was ich sehe, sehe ich." Zum Beispiel, dass sich die Sonne am Himmel bewegt. Leider muss dieses unwiderlegbare Prinzip durch ein anderes Prinzip vervollständigt werden, das seine Berechtigung relativiert: „Jeder Beweis kann durch einen stärkeren Beweis aufgehoben werden." Die Behauptung, dass die Sonne sich am Himmel bewegt, wird durch die astronomische Erkenntnis aufgehoben, dass es die Erde ist, die sich um die Sonne bewegt.

Meine Definition lautet deshalb: Wahrheit ist *das offensichtliche Zutagetreten eines Objekts*. Sie wird von einer subjektiven Gewissheit begleitet und kann sich in einem Urteil ausdrücken, das wir „wahrheitsgemäßes Urteil" nennen würden.

Die Stärke dieser Überzeugung wiederum ist abhängig vom *Stadium der Verifikation, in dem sie sich befindet*. Was wir wissenschaftliche Wahrheit nennen, ist im Grunde genommen nur die zu einem gegebenen Zeitpunkt am besten belegte Theorie. In der Physik sind es heute die Quantenmechanik und die Relativitätstheorie. Morgen können es schon andere Theorien von möglicherweise weitaus größerer Relevanz sein. In der Hierarchie ihrer Bestätigung gilt es zwischen privaten Wahrheiten, privaten kollektiven Wahrheiten und allgemeingültigen Wahrheiten zu unterscheiden.

Private Wahrheiten sind jene Überzeugungen, die wegen ihres Objekts, wegen des Beweises, auf den sie sich stützen, sowie durch die Unmöglichkeit, diesen Beweis zu verallgemeinern, auf die Welt einer einzigen Person beschränkt bleiben. Auch eine wissenschaftliche Wahrheit ist so lange privat, bis sie nachgewiesen werden kann. Solche Wahrheiten sind biographische Gewissheiten, keine wirklichen, also intersubjektiven Wahrheiten. Das Vertrauen beispielsweise, das ich in eine Person setze, ist meine individuelle Wahrheit, die sich auf zwei Beweise stützt. Erstens: ich bin mir meines Vertrauens sicher, und zweitens: ich bin sicher, dass ich der anderen Person vertrauen kann. Letzteres kann sich im Laufe der Zeit und bei fortschreitender Erfahrung als falsch erweisen, und das bedeutet, dass auch die private Wahrheit falsifiziert werden kann, um hier einen Ausdruck von Karl Popper zu verwenden. Was man aber nicht tun kann, ist, diese Wahrheit zu verallgemeinern, da die Erfahrung, auf der sie beruht, privater Natur ist.

Im Laufe unseres Lebens wird ein wichtiger Teil unserer privaten Wahrheiten bestätigt oder widerlegt, egal, ob es sich um Liebe oder um religiöse Wahrheiten handelt. Außerhalb eines bestimmten Menschen können die genannten Wahrheiten keinen Sinn haben, sie lassen sich aber auch nicht widerlegen. Ich kann nicht behaupten, dass jemand Gott nicht gesehen hat, wenn dieser beteuert, er habe ihn gesehen. Es ist das Individuum selbst, das Beweise für seine eigene Wahrheit suchen muss, entweder aus Ehrlichkeit oder aus reinem Interesse, wie beispielsweise Verliebte, die von der geliebten Person „Beweise" für ihre Liebe verlangen. Wir anderen können nur sagen, dass das Stadium der Verifikation dieser Wahrheit privat ist und dass wir sie daher nur als vermutete Wahrheit betrachten können, es sei denn, sie kollidiert mit einer stärkeren Wahrheit. Manchmal, etwa im Fall von Halluzinationen, kann man beweisen, dass angeführte Beweise falsch sind, dass es weder Stimmen, noch Personen, noch Bestien gibt, die in Betttüchern herumschleichen, aber in den meisten anderen Fällen sollten wir uns eines Urteils enthalten.

Private kollektive Wahrheiten. Mit diesem widersprüchlichen Ausdruck bezeichne ich jene privaten Wahrheiten, die zwar nicht verallgemeinert werden können, aber von einem Kollektiv geteilt werden. Religiöse Überzeugungen gehören zu diesem Typus. Es handelt sich um gemeinsame und gemeinschaftliche Gewissheiten einer Gruppe, deren Übereinstimmung die einzelnen Glaubensüberzeugungen festigt. Die soziale Bestätigung durch die Gemeinschaft zählt zu den einflussreichsten Mechanismen, zur Sicherung religiöser Gewissheiten, weil sie ein Spiegelbild der intersubjektiven Wahrheit liefert.

Sie ist aber auch ein wirksames Instrument, um die soziale Intelligenz scheitern zu lassen.

Allgemeingültige, intersubjektive Wahrheiten sind jene Beweise, die hinreichend bestätigt wurden und theoretisch allen Menschen zugänglich sind (theoretisch sind die Beweise der Quantenphysik allen Menschen zugänglich, aber praktisch sind sie es nur für diejenigen, die sich mit Physik befassen) sowie den strengen – durch die Wissenschaft oder im Lauf der Geschichte systematisch verfeinerten – Kriterien der Verifikation unterzogen worden sind und somit eine Gewährleistung ermöglichen, die weit über eine rein subjektive Übereinstimmung hinausgeht. Eine Theorie ist nicht wahr, weil die Wissenschaftler sie zulassen, sondern die Wissenschaftler lassen sie zu, weil sie sie für wahr halten. Die Ethik kann dieses *Stadium der Verifikation* erreichen, wenn auch auf anderen Wegen als die Wissenschaft. Ethik beginnt mit einer emotionalen und wertenden Erfahrung und folgt methodisch verschiedenen Pfaden.

Aus all dem Gesagten kann also ein „ethisches Prinzip über die Wahrheit" abgeleitet werden:

In allem, was die Beziehungen zwischen menschlichen Wesen oder die Angelegenheiten anderer Personen betrifft, ist eine private Wahrheit – sei sie individuell oder kollektiv – von minderem Rang als eine allgemeingültige Wahrheit, wenn ein Konflikt zwischen beiden auftritt.

Religionen sind somit private Wahrheiten, deren Bestätigung den Menschen betrifft, der daran glaubt. Deshalb müssen sich Religionen im Umkreis des öffentlichen Handelns – beispielsweise in ihren Handlungsweisen – ethischen Wahrheiten unterwerfen; und das ist etwas, das alle Religionen getan haben oder auf dem besten Wege sind zu tun. Deshalb können sie, solange sie im privaten Bereich bleiben und niemandem schaden, keinem Menschen mit Gewalt aufgezwungen, aber ebenso wenig mit Gewalt ausgerottet werden.

10

Hier endet mein Panoptikum der unterschiedlichen Arten des Scheiterns der Intelligenz. Die Folgen sind klar. Wir müssen den Triumph der Intelligenz herbeisehnen, denn von ihm hängt unser privates und unser politisches Glück ab. Gerade in Angelegenheiten, die uns alle betreffen, ist die gemeinschaftliche Intelligenz die höchste Bewertungsebene. Sie eröffnet das Spielfeld, auf dem wir unsere Individualität entfalten können. Sie trägt zu unserem Wohlbefinden bei und eröffnet uns vielfältige Möglichkeiten. Die Gerechtigkeit – das intelligente und weniger das sentimentale Gute – erscheint unzweifelhaft als die hervorragende Schöpfung der gemeinschaftlichen Intelligenz. Das Böse dagegen führt zu ihrem endgültigen Scheitern.

Epilog:
Lob der triumphierenden Intelligenz

Die gescheiterte Intelligenz zieht immer zwei schreckliche Folgen nach sich: das unvermeidliche Unglück und das Böse, das Unheil auf Unheil häuft. Die Ursachen dieser gewaltigen Niederlagen habe ich aufgezeigt: Fanatismus, Gefühllosigkeit, Lieblosigkeit, Grausamkeit, Habgier, Machthunger und Furcht. Die Geschichte der Menschheit hinterlässt einen bitteren und trostlosen Nachgeschmack. Warum lernen wir nicht dazu?

Zu Beginn dieses Buches habe ich über Franz Kafka gesprochen, und ich greife das Gesagte noch einmal auf:

Er war Opfer einer leidenschaftlichen Sensibilität, die ihn schreiben ließ: „Auf dem Spazierstock von Balzac kann man diese Inschrift lesen ‚Ich zerstöre alle Hindernisse‘. Auf meinem ‚Alle Hindernisse zerstören mich‘.“ Woher kommt diese Empfindsamkeit? Hätte er sie vermeiden können? Hätte er sie vermeiden müssen? Und nun noch eine hinterlistige Frage: Hätten wir gewollt, daß er sie vermeidet?“ Ich würde gern bei dieser letzten Frage stehen bleiben. Zögen wir einen glücklichen Kafka den Werken eines unglücklichen Kafka vor?

Meine Frage mag rhetorisch erscheinen, doch ich stelle sie allen Ernstes. Eine vertrackte Vorstellung von der menschlichen Natur lässt uns glauben, Glück sei egoistisch und naiv, Leiden dagegen sei schöpferisch. Diese Vorstellung hat ein ganzes Begriffssystem erzeugt, das seit der Romantik den Stil unserer Kultur bestimmt: „Sei schön und traurig“ – *sé bello y triste* – lautete die Devise und verbreitete eine Faszination der Krankheit und des Wahnsinns, die sich nicht mit der Wirklichkeit deckt. In Wahrheit nämlich gibt es nichts Schlimmeres als Krankheit und nichts Langweiligeres als Wahnsinn.

Begriffe haben ein Eigenleben, wie schon Hegel feststellte. Sie werden geboren, wachsen, pflanzen sich fort – und manchmal sterben sie auch. Sie zetteln auf eigene Faust Verschwörungen an. Letztendlich aber schaffen sie ein verborgenes Kräftefeld, das unterschwellig unser Handeln steuert. Die Vorstellung, dass nur die Unglücklichen schöpferisch sein können, hat offensichtlich eine Kehrseite, auch wenn sich diese dem ersten Blick entzieht, die uns glauben lässt, Glück sei dümmlich, vulgär und spießig. Und das gleiche könnte man auch vom Guten sagen, indem es als routinemäßige, feige und naive Unterwerfung unter eine Norm angesehen wird. Ein geistreicher Querdenker stellte einmal fest: „Wer gut ist, ist es nur, weil er nicht den Mut hat, etwas anderes zu sein." Wenn diese Charakterisierung stimmt, wäre jede empfindsame Seele entweder unglücklich oder pervers.

In ihrer Biographie stellt Lou Andreas-Salomé uns einen Friedrich Nietzsche vor, der sich unerhörte Qualen und Anstrengungen auferlegte, aus denen er keuchend, aber befruchtet, zu gedanklichen Höchstleistungen ansetzte:

„Alles, was mich nicht umbringt, macht mich stark", behauptete er stolz, und so geißelte er sich, nicht bis zum Selbstmord, sondern bis zum Erreichen eines Höhepunktes an Erregung und Raserei, der ihn blutüberströmt zurückließ. Diese Suche nach Leiden ist, nach ihrer ganzen Entwicklung, die wahre Quelle, aus der sein Genie schöpft. Er selbst hat es in eindringlicher Form erklärt: „Der Geist ist das Leben, das selbst tief ins Leben einschneidet; mit seiner eigenen Folter vermehrt es sein eigenes Wissen – wußtet Ihr dies? ... Ihr kennt nur Funken des Geistes: aber Ihr seht nicht den Amboß, der er ist, noch die Grausamkeit seiner Hammers!"

Diese Beschreibung weckt die Vorstellung, dass Glück dumm macht und allein das Böse schöpferisch ist. Viele berühmte Denker teilen diese Ansicht. So vertrat beispielsweise Martin Heidegger die Meinung, nur die Angst lasse die wahre Wirklichkeit erkennen, und Jean Paul Sartre fügte hinzu, dass es die Langeweile und der Ekel waren, die uns das eigentliche Wesen des Seins aufgedeckt haben. Eines Seins natürlich, das als zertrümmert deklariert wird, wie der italienische Philosoph Gianni Vattimo vergnügt behauptete.

Und wenn wir uns Nietzsche glücklich vorstellen? Wenn er tatsächlich dieses Heil gefunden hätte, nach dem er so verzweifelt suchte? Wir

könnten natürlich auch den Diskurs umdrehen und annehmen, die be-
vorrechtigte Einstellung der Welt gegenüber sei durch Freude, Heiterkeit und Mut gekennzeichnet. Dann würden wir uns beherzt, tapfer
und begeistert eine Metaphysik der schöpferischen Möglichkeit erarbeiten und erkennen, dass die Pessimisten nur deshalb gut leben, weil
sie die Optimisten der Lächerlichkeit preisgeben, und dass jene, die
darüber klagen, dass es keine gemeinsamen Werte mehr gibt, ihre Ren-
ten ausgerechnet von denen erhalten, die diese Werte respektieren und
nach ihnen leben und dass der Skeptizismus auf den ersten Blick mit
der Reaktion zusammenarbeitet. Diesem ganzen Unsinn von der
krankhaften Schöpferkraft liegt eine irrige Theorie zugrunde, nach der
Glück und Vergnügen das Gleiche sind. Sie erfindet eine Spukgestalt,
die sie dann umso leichter vom Podest stoßen kann. Wenn das Glück
wirklich nur darin besteht, zu trinken, zu essen, zu vögeln und zu
schlafen, dann ist man natürlich geneigt, das Unglück zu verherrlichen.
Doch schon John Stuart Mill bemerkte etwas Offensichtliches, als er
feststellte: „Das Schwein erwartet das Glück eines Schweines." Und das
Glück eines Schweines entspricht nicht dem Glück des Menschen, es sei
denn, der Mensch hat sich vorher tief erniedrigt. Ich habe schon mehrfach betont, dass das menschliche Glück in der harmonischen Befriedigung zweier großer Erwartungen besteht: Wohlbefinden und Schöpferkraft. Da diese Wünsche zwei sich widersprechende Sehnsüchte sind,
wählen wir häufig lieber nur einen davon aus, anstatt uns um ein
schwieriges Gleichgewicht zu bemühen. Entweder das Wohlbefinden
oder die Schöpferkraft. Entweder das Leiden oder die Vulgarität. Verstehen Sie mich bitte nicht falsch: Die Anstrengung einer Ballerina an der
Stange, um Beweglichkeit, Leichtigkeit und Geschmeidigkeit zu erlangen, ist kein Leiden. Es ist Training: also die Voraussetzung, um ein Vorhaben zu verwirklichen. Das Leiden jedoch ist ein Schmerz ohne Wahl-
möglichkeit und ohne Sinn. Um unser Leben erfüllt leben zu können,
müssen wir die unterschiedlichsten Impulse in Einklang bringen. Der
Mensch ist egoistisch und altruistisch, er ist verspielt und streng, er
braucht das Vergnügen und die Anstrengung, die Einsamkeit und die
Gesellschaft. Er verfügt über eine nach innen und eine nach außen ge-
richtete Dynamik. Um all diese sich widersprechenden Elemente in
Übereinstimmung zu bringen, ist ein großes Aufgebot an Intelligenz

vonnöten. Und dafür gibt es ein ganz bestimmtes Wort, einen Begriff, den ich hier wieder aufgreifen will: Weisheit.

Weisheit ist die Intelligenz, die uns zum privaten Glück und zum politischen Glück, also zur Gerechtigkeit, befähigt.

In allen Kulturen – zumindest in denen, die ich kenne –, antiken und modernen, westlichen und östlichen, religiösen und laizistischen, wurde genau jene Art von Intelligenz hoch geschätzt, die Werte begreift, die aus der Erfahrung lernt und die präzise das in die Tat umsetzt, was sie für das Beste hält. Weise ist demnach nicht, wer viel weiß, sondern wer weise handelt. Weisheit ist eine erfüllte Art des Seins, eine erarbeitete persönliche Einstellung, verbunden mit der Fähigkeit, passende Fragen zu stellen und nach richtigen Antworten zu suchen. Weisheit ist die Poesie des Lebens.

Wie ist Ihre innere Einstellung dazu? Ich verstehe unter Weisheit eine Bündelung mächtiger schöpferischer Energien und gestehe, dass meine Definition von Schöpfung sehr schlicht ist: Schöpfung heißt für mich: erschaffen, dafür zu sorgen, dass etwas Wertvolles existiert, was vorher noch nicht existiert hat. Es gibt keine böse Schöpfung, sagte Ortega. Und er hat Recht: Tatsächlich ist die Erzeugung von etwas Bösem keine Schöpfung, sondern Zerstörung. Der Schmerz, die Endlichkeit und die Sinnlosigkeit sind unsere immerwährenden Feinde. Das große Epos der Menschheit sollte von unserem Kampf gegen sie erzählen.

Die triumphierende Intelligenz ist also diejenige, die in unserem privaten und öffentlichen Leben das Wertvolle schafft. Sie ist unsere einzigartige Möglichkeit, unsere Rettung. Darauf bedacht, dem Diskurs über den Mangel zu entfliehen, greift nun auch die zeitgenössische Psychologie vernünftigerweise wieder das griechische Konzept der „Vollkommenheit" auf und kommt zu dem Schluss, dass die Entwicklungspsychologie in eine Psychologie der Bewertung münden muss. Dabei werden Begriffe verwendet wie: *flourishing, flow* oder „ein gelungenes Leben".

Noch einmal möchte ich zu den griechischen Dichtern zurückkehren, die die Vollkommenheit des siegreichen Athleten, des schnellen Pferdes oder des großen Bildhauers besungen haben. Die die Vollkommenheit der Werke großer Dichter priesen, die die Zeit mit Schönheit erfüllten. Eine Fähigkeit wird dann zur Vollkommenheit, wenn sie den Zustand der Erhabenheit erreicht. Wir alle bewundern die Musik von Mozart, Beethoven oder Schubert. Deren ursprüngliche Begabung wurde dank einer eingehenden und intensiven Arbeit erweitert, vertieft und vervollkommnet. So erlangten sie schöpferische Vollkommenheit und konnten mit den vorhandenen Noten völlig neue Klangwelten erfinden.

Menschen erreichen ihre entscheidende Vollkommenheit durch Weisheit, also durch jene Intelligenz, die zur Schaffung eines erfüllten Lebens verwendet wird. Und diese expansive Lebensform umfasst gleichermaßen die Intelligenz des Individuums und die Intelligenz des Staatsbürgers. Angesichts der eintönigen und sich stets wiederholenden Geschichte der Dummheit – noch ein Irrtum, noch eine Wahnvorstellung, noch eine Grausamkeit, noch ein Blutbad, noch eine Schlacht, noch eine Verblendung, noch eine Raffgier –, die ständig neue Irrtümer produziert, ist es angesagt, die Geschichte des Triumphs der Menschlichkeit und somit der Intelligenz zu erzählen. Das bedeutet aber auch, die gewohnte Geschichtsschreibung, deren Seiten voller Grausamkeit und blinder Wut sind, ihrer Großartigkeit zu berauben. Ich habe schon einmal betont, dass wir eine Umwertung der Geschichte brauchen und dass es an der Zeit ist, die Verherrlichung des Scheiterns aufzugeben. Wir sollten uns zu einer Sensibilität erziehen, die der Dummheit und damit auch dem Erdulden von Barbarei abschwört.

Der Mensch ist von der biologischen Evolution an den Strand der Geschichte gespült worden. Und in diesem Augenblick hat die kulturelle Evolution begonnen: die mühevolle Humanisierung des Menschen und der Realität – und das Ende ist immer noch offen. Friedrich Nietzsche definierte das mit seinem beneidenswerten Scharfsinn: Wir sind ein *„nicht festgestelltes Tier"*, wir sind eine unentschiedene Spezies auf der Suche nach ihrer Bestimmung. Noch ist nicht klar, ob die Weisheit oder die Dummheit triumphieren wird.

Einmal mehr bin ich Optimist. Die Intelligenz ist ein machtvolles Kapital und wird gegen alle Unbilden des Schicksals triumphieren, falls sich die menschliche Spezies nicht erniedrigt und sich nicht mit dem Glück des Schweines oder des Wolfes zufrieden gibt – Verlockungen, die uns ständig wie verführerische Möglichkeiten begleiten. Ich vertraue auf eine entschlossene, erfinderische, sorgsame, schöpferische, geniale, starke und anregende Intelligenz. Und ich hoffe, dass wir eines Tages ihr Gelingen mit so erhabenen und großartigen Worten besingen können wie Pablo Neruda:

Du hast in mir die Kraft aller Lebenden versammelt.
Du hast mir die Freiheit gegeben, die der Einsame nicht hat.
Du hast mich gelehrt, das Gute zu entzünden, wie das Feuer.
Du hast mich auf die Wirklichkeit bauen lassen wie auf einen Felsen.
Du hast mich zum Gegner des Bösen und zur Mauer gegen den Wahnsinn gemacht.
Du hast mich die Wohltätigkeit der Welt und die Möglichkeit der Freude sehen lassen.

QUE ASÍ SEA.
SO SEI ES.
AMEN